墨子之窗

Mozi

松本州弘

台湾の皆様、こんにちは。

私が初めて台湾を訪れてより、あっという間に半世紀の歳月が経たことを、今更のように驚いています。

放浪の人生を歩む私を、台湾の皆様方が私を我が家に戻った兄弟のように温く迎えて下さる…その温もりを心に蓄えてまた旅にでるのですが、旅中に苦しいこと…哀しいことに出会っても、私には帰る心の故郷があると思うと元気が漲ります。今コロナ騒動で動けませんが、日本に居てもこの気持ちは変わりません。

斯様な状況下で私の「墨子之窓」が出版されますが、皆様に御一読賜れば嬉しいです。また皆様にお会いする日を楽しみに致しております。

松本老師給台灣人的話

台灣的讀者們，大家好。自我第一次造訪台灣以來，已經過了半個世紀之久，驀然回首真的不禁心頭一驚。

儘管我一生都過著浪跡天涯的生活，但在台灣的好朋友們，始終都把我當成是自己家的兄弟一般熱情地迎接我，我每次都會將這樣的溫暖蓄積在心頭，然後展開下一趟旅行，儘管旅程中會遇上辛苦或難過的事情，然而只要一想到我還有個藏在內心深處的故鄉等著我回去，就能立刻重新振作起來。雖然現在因爲疫情的關係我停駐在日本無法到處旅行，但這樣的心情卻一點都沒有改變。

我的作品「墨子之窗」（墨子之窓）即將在台灣出版，讀者們若能開卷一讀，是我最大的榮幸。同時我也非常期待能很快與大家再次相見。

目錄

序一　昔有「莊周夢蝶」，今有「墨子之窗」——張安樂 08
序二　俠之義者松本州弘先生——李松林 14
自序 18
第一章、某一天我做的白日夢「墨子之窗」 26
◇人類共有的思想 27
◇墨子的時代 32
◇中國足以自傲於世界的墨子之「義」 36
◇「義」或「不義」，只有這是真理 46

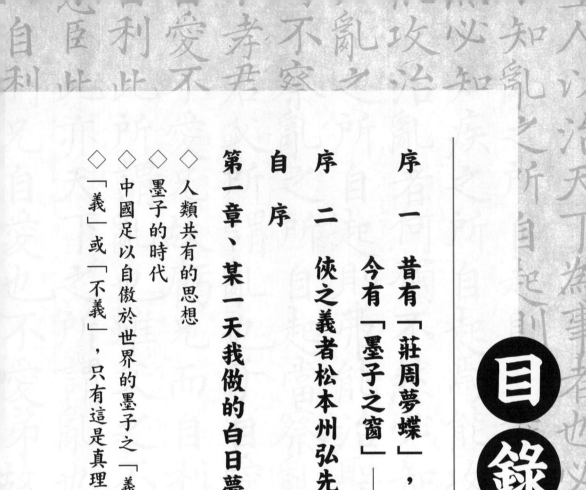

第二章、墨子的思想與言論 **54**

◇墨子的起點　中國古代第一個國家「夏朝」的君王——禹 55

◇在野的政治家，做為學者的墨子 58

◇不只引人入勝，也是可以流傳的思想 63

◇墨子思想的架構 75

第三章、墨子思想與孫文思想 **120**

◇「義」與大亞洲主義 121

◇「三民主義」與墨子思想的同質性 125

◇「義」的語言威力 131

◇孫文的夢想與失望——明治維新 137

◇讓日本人著迷的孫文 141

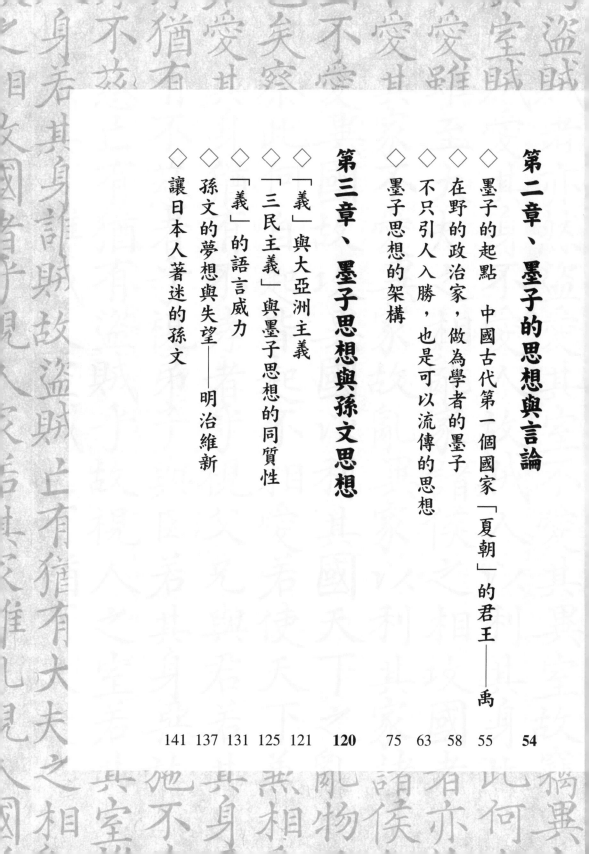

目錄

第四章、孫中山的誕生 **148**

◇天皇的存在 149

◇天皇與「義」 153

◇門牌「中山」之謎 165

◇第一一九代「光格天皇」與「京中山家」 170

第五章、墨子思想的再啟動 **176**

◇影響世界的墨子之「義」 177

◇墨子思想的普遍性 183

◇義務教育的真面目——所謂的控制是什麼？ 186

◇跳脫義務教育——開始轉變的世界 190

◇嶄新形式的「義」的分享——SNS 社交軟體 192

第六章、墨子的DNA **198**
◇中國古代「夏朝」君王——禹和日本天皇 199
◇從中國傳來日本的「義」之思想 203
◇實踐義的光格天皇 207
◇相反的思想——義與法治 212
終　章　俠義精神 **220**
◇孫中山的「大亞洲主義」 225
◇義的思想 236
◇墨子其人 241
後　記　懷念的笛音和太鼓……好漢們 **246**

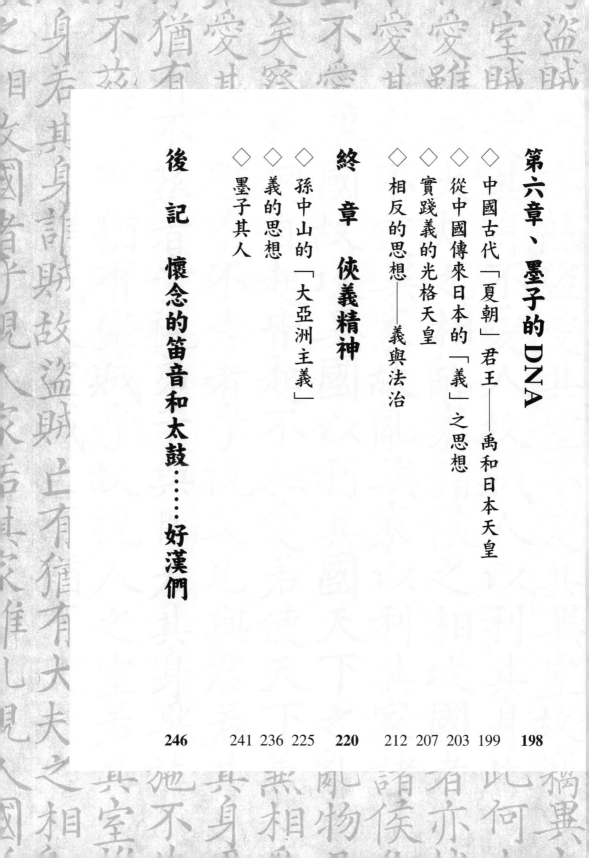

序一

昔有「莊周夢蝶」，今有「墨子之窗」——張安樂

「莊周夢蝶」是莊子物我合一的境界，「墨子之窗」則是松本老師與墨子貴義精神在心靈上的融合。

兩千四百多年前戰國時代的墨子，不但是位偉大的思想家，還是位實踐家，他以「貴義」爲號召組織了中國第一個民間社團——墨者集團。集團的成員稱爲墨者，領導稱爲鉅子。墨者們在鉅子的領導下行俠仗義，除暴安良，爲了「義」這個字，他們可以「赴湯蹈火，死不旋踵」。

秉持墨子貴義精神的墨者們，一直是我心目中的偶像，同時也希望他們的義行，可以成爲好逞義氣之勇的江湖兄弟們的楷模。每次在兄弟聚會的場合，只要應邀致詞，就會向大家講述兩個墨家的故事與大家共勉。

一、行俠仗義：墨子聽說魯班幫楚國製作了攻城的工具，要攻打宋國，墨子冒死前往楚國挑戰魯班，在兩人的兵棋推演上挫敗魯班每種進攻的招數，成功的阻止了楚國攻打宋國的侵略戰爭，保護了宋國人民生命財產的安全。

二、紀律嚴明：墨者集團一位鉅子腹䵍的獨子在秦國犯了死罪，秦惠王因爲與腹䵍的交情而赦免了他，但腹䵍說「秦國法律可以免，但墨家規距不能免」，毅然處死了秦王赦免回來的獨子。

誠然！墨者的境界不是一般人能做到的，但只要大家心中常有墨子，就會有所爲也有所不爲，也會因而形成一個以義爲基點的江湖規矩。至於要成爲一個理想的墨者就不敢奢望了！

沒想到有天居然在現實生活中遇到現代的墨者。

十多年前因緣際會有幸結識了松本州弘老師，兩人一見如故，相談甚歡，而當話題談到墨子時，不由得不對他敬佩萬分。松本老師墨學造詣之深，是我等望塵莫及的，更可貴的是他不僅止於鑽研經典，還極力推廣墨子的貴義精神，先後以日文寫了《俠・墨子》及《大義之結》兩本著作，大力在日本宣揚墨子精神，藉以喚醒日本人在西方功利主義入侵下，漸漸流失的貴義文化。

今天，這本《墨子之窗》則是松本老師與墨子在同一扇窗戶，以義爲標準，觀察人間百態的夢幻故事作爲緣起，向我們中國朋友介紹我們老祖宗墨子的貴義精神。

松本老師極力推廣貴義精神，是他有感於近百多年來，西風東漸帶來了所謂的契約文化，腐蝕了東亞「貴義」的傳統。他認爲，如果人人心中沒有了義，一紙契約就會淪爲奸巧之士玩弄文字遊戲、牟取利益的工具，讓奸人受惠，好人受害。

而當義行與法律衝突的時候，也可以漠視法律。因爲法律是統治菁英爲了他們自己的利益而制定的，而義則爲放之四海而皆準的普世價值。無論是居於廟堂之高、市井之間、江湖之野，都應該以義為準則。就如同《大學》中說的，「自天子以至於庶人，壹是皆以修身為本。」這個修身，就應該是以義為最高準則。

松本老師在書中列舉了三位為了義行漠視法律的「天子級」人物。

一、孫中山：

孫中山先生為了替中國建立良好的制度，讓全中國人民享有幸福的生活，漠視了當時的大清律例，挺身而出起來革命，終於推翻了滿清，建立了中國第一個民主共和國。

二、光格天皇：

光格天皇是日本第一百一十九代天皇。在他任內，日本鬧了大饑荒，當時實際統治日本的德川幕府對飢民的痛苦漠不關心，光格天皇不顧當時幕府「禁中並公家諸法度」的限制，越權向幕府要求提供白米的救濟，雖然因而遭到幕府的責難，也毫不畏縮。

三、明仁天皇：

明仁天皇（已於二〇一九年四月三十日退位）任內時的首相安倍內閣，想要修改和平憲法，明仁天皇擔心會因而引起戰禍，不顧天皇不准干政的規定，多次起來批判安倍內閣，終於使得安倍的野心不能得逞，也讓日本不至踏上當年的覆轍，走向戰爭災難之路。

松本老師對孫中山先生特別推崇，尤其認同他提出的「大亞洲主義。」書中特別提到一九二四年十一月二十八日，孫中山在日本神戶演講時呼籲富強的日本：「不要做西方霸道的鷹犬，而要做亞洲王道的干城！」可惜，後來的日本沒有走向王道之路，而是走向侵略中國的霸道之路。墨者松本老師並沒有陷入狹隘的民族意識牢籠，堅決擁抱普世眞理的義，嚴厲譴責當年日本侵略的罪行。

墨子的思想博大精深，除了貴義以外，最爲人知的還有兼愛、非攻、節用、節葬等，甚至還包括了軍事、科技與邏輯方面的論述。而松本老師獨尊貴義，因爲義是一切德行的基礎，如果心存不義，任何創造發明只會給社會帶來災難，只有以義爲出發點的學識技術才能造福人類。

墨子的義是純眞的義，墨者們單純爲了義就「赴湯蹈火、死不旋踵」，並不期待因此進入所謂的「天堂」，也不期待得到所謂的「天人福報」，一切都是爲了「義」這個字！

最後還是那句話，理想的墨者我們可能做不到，但心中只要以墨子，以貴義精神作爲我們行爲的圭臬，世間就會有正義，社會就會有和諧，這應該也是松本老師對大家的期望吧！

序二

俠之義者松本州弘先生——李松林

筆者軍旅出身，一介武夫胸無點墨，雖因軍事教育需要對墨家之學稍有涉獵，然皮毛之知焉敢對本書妄所揣論貽笑識者。故僅就和本書作者相識四十餘年亦師亦友之知交老友身份，略述我對松本州弘先生的認知，以嚮讀者諸君。

松本州弘先生一九三五年出生於日本東京都，幼年成長於僞滿洲國奉天（現今瀋陽地區）深受中國文化之薰陶。二戰結束返回日本後，猶未能忘情幼兒所處環境之中國。在求學時期即利用課餘大量蒐集中國文史資料潛心研究探討，每每因觀念差異與同儕產生爭執遭排擠視爲異類。

但他仍不減對中國文史之熱愛，更加精心鑽研。其中尤對墨子之學暨孫中山先生革命思想及其以「推翻帝制建立民國」爲宗旨，所領導的近代革命史極爲敬佩與景仰，經常在日本各報章雜誌發表相關文章或著書論述，深受友好中國的日本朋友敬重。

松本州弘先生認爲墨子思想的理論基礎就是一個「義」字，爲探尋墨子思想在中國的存在及對中國政經社會文化的承襲影響，於一九七四年隻身來到當時他認爲保留中國歷史文化精神及史料資源最豐富之地「台灣」。

來台後廣交各界朋友，探尋墨子思想在中國人民心中的認知與流傳影響。經過數年之交流，常失望而歸，其後在偶而的機遇中，終發現墨子思想之貴義精神非在廟堂之上可覓，而竟在始於中國明末清初而今隱於台灣民間相傳近四百年的「清幫」、「洪門」組織之中傳承。

清幫（亦稱安清、漕幫）與洪門是中國歷史上唯二以五常「仁義禮智信」爲根，以「義氣千秋」、「忠心義氣」爲本的民間自發組織。初以「反清復明」爲號召，驅逐滿族统治。清末民初受孫中山先生的感召，出錢出力，抛頭顱灑熱血，追隨孫中山先生致力「推翻帝制建立民國」的革命大業。

清幫、洪門在中國近代革命血淚史中，事蹟斑斑可考。目前全球各國家地區只要有華人之地，或明或暗都有清洪幫組織，代代相傳民族大義，歷時數百年盛而不衰，因而引起松本洲弘先生的重視，爲究其根源託人引薦，毅然拜入清幫成爲嘉海衛第二十三代悟字輩弟子，復又上山插柳加入洪門太華山。

在參加清洪二幫以義傳承的組織運作中，松本州弘先生深爲動容落淚，常有「不容青史燼成灰」之嘆。故而自一九九〇年起，先後在日本扯旗掛帥開立「洪門華松山」暨成立日本「安清聯合總會」與「中國墨子思想研究會」等組織並結合反日本軍國主義團體，致力宣揚墨子兼愛非攻貴義思想暨清幫、洪門傳承數百年之民族大義精神。期能對中日兩國和諧相處、共榮發展及世界和平做出貢獻。

松本州弘先生一生任俠尚義，常慨嘆而今社會「講仁講義之徒多如過江之鯽，行仁行義之士則寡如鳳毛麟角」，是筆者最敬重的異國大哥和忘年知交，在台灣的朋友都尊稱他「大俠」，其晚年所著「墨子之窗」一書，承匠心文創、中華統一促進黨張安樂總裁、蘇德峰導演、吳祈賢董事長、張竣愷、沈宗一等諸好友熱情指導支持協助，使本書得以順利出版，特申謝忱。

李松林　二〇二〇年十一月十八日

自序

本書中除向讀者介紹筆者傾半世紀之力自學中國思想家「墨子」的思想核心外，也首次公開中國近代革命先驅「孫中山」與日本繼承「第一一九代光格天皇」血脈的名門之間，這個至今無人知曉的秘史。在中國，一般都採用「孫中山」這個稱呼，但在日本，通常都稱呼為「孫文」，幾乎所有的教科書也都如此記載。

但為何在中國，一般都知道孫中山這個名號，在日本卻使用孫文這個名字呢？實際上正因為有這個差異，我想就孫中山與日本之間被隱藏的深刻關係做論述，而孫中山思想的起源，我個人主張可追溯自誕生於中國戰國時代、紀元前五世紀（紀元前四百七十年代）的「墨子思想」，撰寫本書主要的目的，就是想要嘗試向中國的朋友們敘述這一切。

以這樣的主題起草的本書，並非是學術性的文史書。

首先，在本書開始論述筆者的個人主張之前，筆者到底是何方神聖？我想在此做個簡單的自我介紹。筆者是出生於日本，幼兒到少年時期則是在中國東北奉天成長的日本人。

奉天，相當於現在中國瀋陽市這個區域，當時那是滿州國（一九三二年—一九四五年）的年代。筆者身爲戰前的日本人，或許是因爲出生後就立刻在中國大陸的風土環境中成長，對於二戰後的日本，那些被美國化的傢伙們肆意妄爲、毫無謙遜的難看作爲，我刻意撇開臉不看他們。筆者的父親在軍中工作，家境雖稱不上富裕，不過也是過著差強人意的生活。

在滿州的家中，有位負責照顧我的老爺爺，他教導我像是跳舞般的動作。雖說是教導我，但也說不上是眞的在學習某樣東西。只要我父母要我去打掃庭院，我心不甘情不願拿著掃把開始打掃時，老爺爺就會對我說：「**少爺，你試試看這樣動**」，然後教我一些奇妙的動作。筆者好喜歡這位老爺爺，總是在他身邊跟前跟後。

雖然我之後才明白，這個老爺爺教導我的手腳律動和呼吸，是傳說中的中國拳法——義和拳的動作。就這樣我在少年時期，就在日常生活中學習了中國拳法，並在戰後的日本，開了家當時非常罕見的中國拳法道場，不過這個道場已經關閉許久，因爲道場的收入不足以應付生活所需。

也就是說，我既生爲日本人，但我的人格卻又自然而然地在中國的生活與文化中養成，之後受惠於許多中國臺灣的朋友，也是必然的吧！

本書並非筆者的自傳，在此請容我省略自己詳細的履歷，但我過著宛如流浪在亞細亞大陸般的武士人生。

在各國、各地持續流浪之際，與當地人邂逅交流的時光中，自然而然開始探究起思想與哲學。生來飄蕩如浮萍的人啊！自己的「根」到底在何方……爲什麼自己會在這裡？我對以這些問題爲出發點的思維十分傾慕，不過筆者並不是在大學或研究機構，視此爲一門學問從而學習鑽研，雖然我求知慾旺盛，但從幼年時期起，我就和制度化的學校教育格格不入。

所謂學校這種地方，相較於本質的學習，一開始就被要求要遵守學校生活的種種規則。然而人這種動物，卻會因各自天分的差異，讓人人適合的學習方式有所不同。

比起坐在教室裡上課，也有人更喜歡躺著翻閱自己喜歡的書籍，討厭學校的筆者也是如此，在浪跡各地期間，受到高度教養的人們觸發，自問自答的同時，也開始博覽群書，涉獵自然與思想和哲學的書籍，這些知識對照了我本身堅信的經驗主義，因而學會了獨立思考，也認識了紀元前中國的思想家「墨子」。

墨子思想的中心，可說就是「義」這個概念。筆者對此深感震撼，內心感到極大的衝擊與感動。筆者認爲：「唯義，乃天下萬民共有之人類至寶。」

筆者認爲，墨子學說的「兼愛」當中所包含的「義」之思想脈絡，與之後孫中山的「博愛主義」有所連結，進而推進了辛亥革命。

墨子向「天下萬民（全人類）」發揚「義」的思想而奔走，孫中山將其思想具體掌握爲亞洲民族團結的精神支柱，昇華爲革命的推進力。當時流亡日本的孫中山，深受明治維新義士們的支援是不爭的歷史事實，然而即使在誕生出如此偉大思想的中國，筆者所遇到的人們中，知曉墨子的人卻非常少。

就筆者的觀察，墨子的存在與思想，卻是長年遭到中國當權者封鎖的一段歷史。在此不得不提及兩位特別的人物。

一位是出身臺灣軍界的「**李松林**」先生，筆者與他經歷超過四十年的跨國深厚情誼牽絆，同甘共苦，無疑是「**最佳摯友**」。

另一位則是致力於中國統一運動的台灣「**中華統一促進黨**」領導人「**張安樂**」先生。

在海峽兩岸廣爲人知的名人張安樂先生，曾就讀於美國知名史丹福大學，是博學多聞的知識份子，除熟知日本戰國時代、明治維新歷史，尤其對於墨子學說造詣之深，更勝多數學者，此外他自己也是一名生於「**義**」的「**墨者**」。

大約在十多年前，筆者於中國深圳很榮幸地初遇張安樂先生，當時無意間不知是由誰開始，我們暢談了「墨子」。筆者當時對張先生說：「**恕我冒昧，能對墨子理解得這樣深刻的中國人，我還是第一次遇到。**」張安樂先生也對我說：「沒想到竟然有日本人會學習墨子……」彼此肝膽相照，惺惺相惜。此後，每每造訪臺灣，也承蒙張先生總不嫌棄地歡迎冒失的筆者。

於此同時，最近李松林先生建議筆者將獨自的論點整理，出版一本專門給中華民族看的中文書籍。要說起墨子，比起筆者等人，張安樂先生才眞是專家，但我想起過去張安樂先生曾對筆者說過，筆者主張「**墨子與孫中山**」想法的源流，由身爲日本人的筆者來敍述，意義更爲重大。

基於這樣的理由，身爲對墨子思想完美理解、自己也生於「**義**」的張安樂先生及友人——筆者的摯友李松林先生也推舉我出版此書，讓我感到這一切無疑是天意。此外，對年逾八十，已經沒在從事什麼值得驕傲的工作、過著無業生活的筆者，我該尊稱他一聲老師的張安樂先生，與摯友李松林先生，兩人均同聲激勵我，這是「**人生最後階段應做最重要的工作**」。

爲此，筆者決定挑戰本書。

雖然筆者拙劣的文稿，讓筆者擔心不知能得到多少中國與臺灣讀者的共鳴？但適逢日本的年號改為「**令和**」，我想這本書的出版，也具有回顧筆者自身思想足跡的私心，這一點還請諸位讀者見諒。

本書中關於墨子及其思想的研究，有很多部分是以筆者日文舊著《**俠——墨子**》加以刪改增減而成為「**墨子與孫中山**」的篇章，至於嘗試研究日本天皇家相關思想的驗證則是未曾付梓的全新內容，這恐怕是筆者老兵不死的最後著述了。

第一章

某一天我做的白日夢「墨子之窗」

人類共有的思想

這已經是數十年前的事了，筆者曾做過一個不可思議的夢。說是作夢也不眞切，因爲並不是睡著時發生的，而是在筆者醒著的時候，像是深層的自我讓我看見如夢似幻的景象，宛如白日夢般的畫面，在筆者茫然的眼前出現。

場景是在某個山村或荒野之類的地點，一幢老舊窄小的山中小屋孤伶伶地佇立著，而筆者和墨子兩人身在其中。古老的木造簡樸小屋，只有一扇不大也不小的窗，是十字形的木框上鑲嵌著玻璃的窗戶。

墨子從屋內注視著窗裡的那個「**世界**」。不可思議的是，那扇窗中慢慢浮現又慢慢消失地顯現出各個國家時代的光景，以及各式各樣人們交織出的影像。墨子始終沉默不語，一直凝視著窗外的筆者，不斷看著那些景象，結果在那扇「**墨子之窗**」中，開始映照出筆者認識的人們的身影。

那些是過去曾與筆者擦身而過的人們。透過「墨子之窗」，那些人們的

「**義**」展現在我眼前。當然，所謂的「**道義**」這種東西，並不具備物理性的外觀。

即便如此，與墨子一起看著那扇窗，「**義**」與「**不義**」的存在，卻是能明確區分的。

儘管本書算是某種思想史研究類書，然而卻在這裡出現這樣像白日夢般的回想，或許會有讀者感到訝異，然而這段回憶對筆者而言是非常眞實且寶貴的。我認爲現今各國所有的問題，無非都是因爲大家關閉了心中的那扇窗，那扇以超然觀點透視塵世的心窗所致。

要是能透過那扇心窗看世界，那麼世界上哪裡還會有什麼問題？然而要怎麼解決那些問題？如何能得到讓天下百姓和平共處的方法呢？或許有人會認爲，「**就單憑從一扇窗看出去，眞能看到全世界嗎？**」

但筆者所看到「**墨子之窗**」呈現的影像，是以墨子中心思想「**義**」那通透的思想之窗所看到的眞實光景。

就好比現代物理學的結論，認爲所有物體的存在都是粒子的集合體，萬事萬物的中心原理都是肉眼所不能見、極小的存在。雖然極小，卻因爲是中心原理，所以能夠發揮眞正的效用，無論是我們所處的大地（地球）……人體……水……這世上沒有粒子無法製造出來的存在。

而人類的意識，據說也是由粒子的「**振動**」所產生的作用，如波動般傳達給他人，無意識地、共同擁有了一樣的價値觀。雖然每個國家，每個民族都有各自不同的文化，但做爲人類，卻有著共通的意識。

不可奪取他人性命與財產這樣的世界觀，並不是因爲違反法律所以不容許，而是「**身爲人所以不可爲**」，幾乎所有人類都擁有同樣的感覺。說得極端一點，人類的意識也可以說是以粒子爲起點的自然界運作產物。這種說法或許會被認爲有點怪異，但筆者認爲，所謂「**義**」的思想概念，也是人類集體潛意識的產物。

因此可以分辨出「**義**」與「**不義**」的「墨子之窗」，只有一個，是全人類能夠共同擁有的。墨子曾說：「**義爲天下萬民之寶**。」在還未從物理學界發現粒子產生集體潛意識概念的遙遠古代，墨子可是早就說中了這個眞理。

也就是說，人類原本就擁有「**義**」的集體潛意識。

然而，卻有國家利用「**教育**」，讓這個集體潛意識變質。

依據特定國家權力意志的不同，有時人類共有的「**義**」也會成爲一種阻礙。

對於支配他人、將他人應得的利益占爲己有，有這種基於霸權主義或利己資本主義支撐的當權者來說，能夠將人類團結爲一體的「**義**」這種思想，是一定要將之毀滅的。

這樣的國家當權者，從國民身高還無法搆到「墨子之窗」的孩子幼年時期開始，就藉由「**教育**」，捏造出一個不知「**義**」爲何物，只接受「**不義**」的社會。

從墨子生存的時代開始，到大約兩千三百年之後革命起義的孫中山時代爲止，「**義**」對於當代的國家權力而言，都是敵人。

懼怕墨子思想存在的皇權——從秦始皇開始（紀元前兩百二十一年，中國歷史上首位一統中原的秦代皇帝），就將「**義**」視爲反威權思想，要將之滅絕。因此演變成「**即使在發源地中國，墨子及其思想的傳承也被斷絕**」的狀態。

而「**墨子**」到底是怎麼樣的一號人物呢？

在觸及這個部分之前，我想先簡單說明紀元前中國的社會背景。

本章節主要是藉由墨子生存的年代，以及觀察墨子思想形成一大勢力的過程，記錄下值得做爲參考的部分，好去理解所謂「**義**」這個墨子思想的最高理念。

由於還是不可避免出現宛如歷史課般的敍述，讀者若想快速翻閱本章節也沒關係。我認爲瀏覽完全書若還想繼續了解墨子的生存年代，再回過頭來翻閱也一樣會有很好的效果。

墨子的時代

在遙遠的古代，中國第一個誕生的朝代，傳說是「夏」。

有很長一段時間，夏朝被認爲只是傳說，並非實際存在，但在一九五〇年後，因發現位於中國河南省「**二里頭遺跡**」等證據，作爲距今超過三千六百年前中國最古老朝代的首都，「**夏**」實際存在的說法變得有力。

近五千年前的「**黃帝**」，被視爲是建立中國基礎的人物。此外在中國，有從兩千五百年前到現在持續保持生命的「**老子思想**」，黃帝與老子思想的合體，就被叫做「**黃老思想**」。

老子是春秋戰國時代的思想家，他曾擔任周朝的守藏室（圖書館）的文書官，也是虛無說學者集大成的道家始祖。

黃帝在中國五千年歷史中，被認爲是最優秀的帝王。

西漢時代的歷史學家司馬遷所著述的《史記》中，將這位黃帝定義爲是「**中國的起始**」。

再補充一點，一九一一年發動辛亥革命成功的孫中山等革命者，將那一年，也就是「**紀元一九一一年**」辛亥年制訂爲「**黃帝紀元四六〇九年**」，這是藉由將新體制的中國與古代的黃帝直接連結，意圖向內外宣示孫中山爲中國統治者的正統。

《史記》當中司馬遷曾這樣評價：「**黃帝治世以民爲本，徹底實行民衆爲國家棟樑的政治**。」孫中山等人成立的革命政府，也以這個認知爲基礎，想以此經營新體制中國的運作。

此外，老子也將黃帝這樣的思想採納融合，建構了中國代表性的道家思想。承老子思想其後，被道家的思想家、莊周著述的「**莊子**」承接，內容變得更加充實。

這就是「**老莊思想**」。同時，春秋時代後期，魯國（現在的中國山東省一帶）孔子的儒家思想開始彰顯於世，春秋戰國時代初期，墨家的始祖——墨子也出現了。生於同一個國家的儒家和墨家，已然成爲春秋戰國時代「二大學派」，其後，從這二大潮流中衆多思想家輩出，也誕生出各種學派。

如此衆多的思想家被統稱爲「**諸子百家**」，從春秋戰國中期到後期，也就是所謂百家爭鳴（衆多學者能夠自由提出自己的學說）的時代。

而後儒學在西漢武帝時，被認定爲國學，儒學的存在排擠了其他許多學派，獨享特別待遇。

儒學之所以能蓬勃發展的原因，是因爲孔子的學說對統治階級是相對有利的，也因此從古至今，所謂的統治者、當權者，都是利用儒家學說支撐體制。

日本江戶幕府推舉儒教的背景也是如此，散佈（推廣）尊崇上位者的思想，意圖讓統治體制屹立不搖。這樣的儒家思想，從古代中國的春秋戰國時代誕生以來，漢朝以後一路受到歷代統治者支持，在現今的日本，也有許多政治家或經營者將之視爲「**座右銘**」，將儒家思想立於崇高的位置。

另一方面，墨家思想的創始者墨子，是在紀元前五世紀末登場，他致力於傳播自身所提倡的罕見特殊思想，並培養被稱爲墨家的優秀後繼者集團，形成強力的戰鬥軍團，在春秋戰國時代策馬奔馳。

墨子的存在在古代中國許多文獻中都有出現，讓人窺見他強烈的性格，但墨子的學說，可說是直到中國近代才被「**再度發現**」。

原因是墨子的思想在其後成爲「**絕學**」，身影幾乎完全消失在歷史的洪流中。

對恐懼墨家存在的皇室當權者而言，墨子的學說被視爲是反威權思想，因而遭到滅絕。

墨子思想再次顯現於世，是在清朝（一六一六年至一九一二年）崩解之前，中國數千年的王朝體制，尤其在受到來自外部的衝擊卽將崩壞之際，跨越兩千五百年時空的墨子思想，卻突然浮上檯面。

在清朝開始崩解的背景下，加上中日甲午戰爭（一八九四至九五年）的戰敗，讓中國國內開始進入混亂的時代，身爲政治家同時也是學者的梁啓超，以及經學大師譚戒甫等這些中國學者們，重新打開了最初發掘墨子思想的大門。

由於中國戰國時代的人情世故，也因墨家後期被視爲「**絕學**」，受到統治階級和儒家將其存在封印，關於墨子其人的史實，就算在學術研究上，也幾乎只存在推論中。然而，歷史上確實有墨子這號人物的存在，他的言論超越兩千年時空，現在依然被廣傳，這是不爭的事實。

若是沒有價値的思想和言論，怎可能超越悠遠的時空被留存下來呢？

墨子之「義」到清末被重新發現前，只是在司馬遷《史記》和《呂氏春秋》，以及其他典籍中確認墨子與墨家的存在，然而其述不管在哪部作品中，都是大放異彩。

中國足以自傲於世界的墨子之「義」

墨子名「翟」，生於小國魯國，據說曾在宋國（中國周朝的一國。現爲中國河南省商丘縣）任「大夫」。

周朝時代，以周王爲頂點，接下來是「諸侯」、「卿」、「大夫」、「士」、「庶人」這樣的階級，而墨子曾爲一個諸侯國的大夫，但他視榮華富貴若糞土，寧願藉由降階到庶民階層，在庶民社會中廣傳自己的思想。

也有一說，墨子一開始也曾以儒學爲師，之後墨子爲了推翻儒家思想而賭上個人生涯，對於思想的研究充滿深厚的興趣。

墨子認爲儒家所提倡的禮儀主義（重視儀式性的理法這種思考方式）是苛政的溫床，而將之徹底批判，並提出合理的理論，建構出被後世稱爲「**墨子思想**」的思想體系。而學習繼承墨子思想的團體，或是以墨子思想爲理念的集團，就被稱爲「墨家」。

墨子的思想，其後由墨子的弟子們編纂成《墨子》這本語錄，不過由於也只有這個語錄流傳後世，因此其中究竟有多少部分爲眞？在不同的研究中，也出現了分歧的意見。

但若思及事發在紀元前五世紀，這一切都顯得理所當然。

比起那些更重要的是，顯示墨子的存在和其語錄必得要永久封印起來，可不能在世人前提及。

這是因爲，對改寫歷史眞相的統治者而言，墨子的存在及其言論，都是非常不合時宜的吧？

墨子的語錄，是徹底站在大衆、平民百姓這一端的視角論政，探討「**身而爲人，在生存之餘眞正重要的價值是什麼？**」這樣的人生哲學和倫理道德。

此外，對於如何實踐上述理論生存，他也提出具體的態度和行爲準則，並以無論誰都能理解、淺顯易懂的語彙說明。

無關貧富、學歷，用只要是人就可以理解的言語傳達出實際上非常簡單的訊息，這，就是墨子思想。墨子的言論，幾乎可以說是只要接觸了，應該就不會有人反應「**無法理解那是什麼意思**」這般的「**正確言論**」。

然而，正確的言論有時對某些人來說卻是一種麻煩。

實行專制政權、壓榨百姓的爲政者，從當權者的角度來看，就算理解墨子言論的意義，但若是讓國民實踐了，就勢必會損及當權者的既得利益。

墨子思想的理論基礎，只需用一個字就能表達，那就是「**義**」。

所謂的義，就是墨子思想的最高理念，墨子闡述生而爲人的原理原則，也就在墨子思想中，所謂的義——「**與命同義**」。

墨子時常向世人闡述所謂貴義思想（義重於所有事物），說的是就算只有一個人，也不能捨棄義的價值。

而墨子思想中這樣的「**義理**」精神，在現代社會也以「**俠氣**（日語是任俠）」精神傳承。

不顧及自身性命、利益或名聲，如同呼吸般不須思考，自然而然幫助社會上的弱者，打倒欺凌弱者的人，這樣的行動就是「義」。

也就是說，開創出天下萬民皆平等，和平且彼此互助的人類社會，這樣的思想就是「**義的思想**」。

也因此，即使面對坐擁武力的權勢，仍有勇氣與之抗衡，具備戰鬥力的俠士就不可或缺。

不只是思想活動，若無俠士，也就無法打倒實際控制欺凌弱者的人。

這一點，就讓墨子與墨家的存在，與其他思想學問派系劃開了一道界線。

因爲墨子不只是擁有優秀的思想理論，更具備戰時能夠提供軍力支援的軍事能力。墨子的弟子們，當中也集結了身經百戰的強者。

但爲什麼能夠組成這樣罕見的思想學派呢？

那是因爲前面提到，在春秋戰國時代的思想界是百家爭鳴的盛況。

孔子的儒家思想，藉由惠施（魏國的思想家）、公孫龍（趙國的論客）的名家思想，廣爲宣揚；老子的道家思想等諸子百家，各自爲學派命名，同時將理論倡議於世。

在這裡有一個值得注意之處，那就是這些諸子的學派名稱並非冠上思想家其人之名。

孔子的思想爲「儒學」，而非「孔家」，老子的「道家」思想也不是「老家」，雖各自留有《惠子》及《老子》等著作，但冠上表示學派的「家」這個字，無論哪個人都不是使用自己的姓氏。

然而唯獨墨子，是冠上其名形成「墨家」。

事實上，墨子的名字墨翟，有一說是墨子自己爲自己取的名字。

那麼，「墨」這個姓又是哪兒來的呢？

一般被認爲墨子是輕罪者，受到一種名爲「墨刑」的刺青之刑。

墨子雖然來歷不明，但如果參考這種說法，就能夠理解並接受墨子與墨家各個傑出的從衆義結金蘭的必然性。

墨子是否曾犯下某些罪行，而背負著前科犯的刺青象徵爲「義」而活？這件事不得而知。

但是不論如何，我們可以思考墨家集團的中樞，應該有不少前科犯吧！

罪犯。

說到現在與古代的前科犯，並不一定是剝奪善良人們生命或財產的卑劣罪犯。

對於腐敗的政權提出論戰，卻被國家政權逮捕入罪的例子，無論在亞洲或歐美各國都不勝枚舉，更何況是在古代？

若起身討伐君主政體的「**不義**」，就被當作是叛國之徒，處以刺青墨刑，那也是理所當然的了。

況且只要是被烙印下最底層民眾的污名，就很難在一般社會中生存。

恐怕墨子在那樣的社會中就成爲了「**前科犯**」的接收器。

在社會上失去立足點的人們，墨子卻以思想指導者的身份接受了這些前科犯，讓這些人感受到墨子身而爲人的溫暖，進而崇拜他，形成在其他思想門派中看不到的捨命義結金蘭；如果以這個角度思考的話，就會覺得墨家集結強者們是再自然不過了。

並非是思想家擁有戰力，若假設墨家是草莽英雄們的思想學習團體的話，那就能理解他們之所以號稱是是戰國時代遠近馳名最強軍隊的緣由了。

當然，不消說，墨子並非「**好戰、愛挑唆**」之人。

就算是現今的國際社會中，以國與國彼此擁有核子武器爲背景，展開外交對話的時代也爲時已久。

墨子可稱之爲是人類至寶的原因，是因爲在那個視暴力衝突爲正義，以武力對武力硬碰硬的古戰國時代，卻倡議和平思想，爲人民交涉努力奔走。

墨子是中國人，正因如此，我認爲現代的中國人更應該要抱持學習墨子「**義**」的思想，在天下萬民（世界全人類）面前，以成爲堂堂正正、抬頭挺胸的國際人爲目標。

英國哲學家，同時也是法學家、政治家的法蘭西斯・培根（Francis Bacon），曾在四百年前、自己的著作中寫下：「**印刷**、**火藥**、**指南針**」是「**古代中國的三大發明**」。

在兩百年後，同樣由英國傳教士，也是漢學家的艾約瑟（Joseph Edkins），定調「**製紙技術**」也是中國古代的發明。中國文明建構出促進世界發展的原點，這是不爭的事實。若是如此，筆者也要在此主張。

我認爲在「**印刷、火藥、指南針、製紙**」後，應該要再加上墨子思想之「**義**」，作爲「**中國古代五大發明**」。

或許硬要將思想歸類爲「**發明**」多少有些牽強，但所謂的發明不應是被舊概念所困的想法，因此我認爲，將思想納入發明應該也是可行的。

事實上在日本的專利法中，將「**發明**」定義爲：

「**利用自然法則之技術思想的高度創作。**」

這件事並不只是文字遊戲。

發明的東西就是因爲被使用了，世界才會更遼闊。

同樣的概念，思想若只是封閉想法的話，是無法有益處的，墨子的思想，無疑如同發明品般，能夠在現實的人類社會中被使用。

藉由被實踐而展現出價值，因此墨子所說的「義」，並不單純只是書本上的學問，他闡述這是人類共通的行爲準則。

《漢書》作者班固在他的《答賓戲》當中，使用了「墨突不黔」這個形容。

這句話是指墨子在自家待的時間太少，因此家裡的煙囱都還來不及燻黑，他就又到了別處的意思。

這也是表現出實踐主義者墨子「不安於一處」的最佳寫照。

實際上墨子在早期，據說就算是在會議中也不會長時間坐著，而是會激烈的到處活動。

「義」或「不義」，只有這是真理

如前所述，「**義**」是墨子思想的原理。

那麼所謂的「**義**」，到底又是什麼呢？

濟弱鋤強英雄式的精神及行爲，卽使不是英雄，一般的平民百姓彼此互助的精神及行爲，以現在的語彙來說，也就是爲實現並維持沒有階級差異的社會，充滿和平人類共存，這個概念就是「**義**」。

也就是說，卽使思考方式極爲簡單明快，但行動的實踐上卻絕不簡單，這就是「**義**」的思想。

當目擊兇惡的罪犯在大街上對市民無差別殺害時，能不顧自己性命安危去壓制罪犯的人，幾稀。

或者，自己就職的公司卽使有什麼不法，但因擔心若告發會讓自己失業因而保持沉默，這在一般民眾眼中，就是「**沒辦法的事**」。

然而在墨子的思想中，不去對抗眼前的罪犯、對自己就職職場的不法視而不見，這都是「義」的相反，就是「不義」。

這就是「義」的思想中，高貴、美好同時卻又嚴厲的價值。

墨子是這樣說的：

「萬事莫貴於義。

今謂人曰：『予子冠履，而斷子之手足，子爲之乎？』必不爲，何故？則冠履不若手足之貴也。又曰：『予子天下而殺子之身，子爲之乎？』必不爲，何故？則天下不若身之貴也。爭一言以相殺，是貴義於其身也。故曰，萬事莫貴於義也。」

墨子說：「萬事沒有比義更爲珍貴的了。

假設別人對你說：『給你帽子和鞋，但是要砍斷你的手、腳，你肯嗎？』

一定不肯吧！為什麼呢？因為帽、鞋遠不如手、腳珍貴啊！
又例如說：『**給你天下，但要你拿命來抵**，你會答應嗎？』
一定不肯吧！為什麼呢？因為天下遠不如自身性命珍貴啊！
因爭辯一句話而互相殘殺，是因為把義看得比自身珍貴。
所以說：萬事沒有比義更珍貴的了。」

這裡需要註釋的是，墨子並非要人捨命。
他說的是「**義**」這個思想價值等同於生命。
人類為了生存，一定會各自面臨各種狀況。
一個人尚且如此，由一群人組成了社會、國家之後會產生更大的問題，這就是世間的常態。
而面對這些狀況或問題，人們會嘗試提出各種解釋，但在墨子的思想中，人世間的眞理，唯有「**義**」一字而已。

換言之，世間百態，也只有「**義**」與「**不義**」的差別。

對於這眞理無需多加說明解釋。

「**有人來求助，卻因爲自己忙碌而無暇相助**」這個解釋，就算在普世的價值觀中被認可，對墨子來說卻是行不通的。

如果是墨子的話，面對這個說法他會嚴厲指出：

「**你說沒有辦法幫上忙；這是指有實際作爲但力猶不及，或只是心裡想幫忙沒有付諸行動？這兩者非常不同。**」

例如我們試著以捐款這件事來思考。

世上有許多人都需要幫助，在世界各個角落，我們常會看到有拿著捐款箱的志工，在街頭呼籲行人對於各種問題提供資金上的援助，而大多數的人卻連那麼一點小錢也不願意捐贈。

把一枚硬幣投進捐款箱，只要短短幾秒鐘，但很多人卻連停下腳步也不願意，而是提出各種藉口，像是：

「我很忙！」

「我沒捐贈只要有其他人捐款就好啦！」

「這麼一點錢幫不上忙！」

「搞不好這根本不是眞的募捐活動，而是詐騙吧……」

就從捐款箱前魚貫通過。

但要是變成是慈善晚會，那一切就不一樣了。

盛裝出席的人們邊品嚐奢華料理邊飲酒，還聽著華麗的藝人演唱歌曲。

「那麼，就捐款吧。」

在墨子思想中，這就是「**不義**」。

要去幫助前來求助的人們，爲什麼需要身穿華服開派對呢？

要是不吃東西、不喝酒、不聽藝人演唱或跳舞，沒有回饋就不願意幫助受苦的人嗎？

當然，這世上自然是有在捐款箱或在派對中打著「**濟弱扶貧**」的口號，卻是行詐騙之實，那當然是「**不義**」。

但問題並不在那裡。

要是懷疑「**搞不好那個慈善活動是詐騙？**」

就不應對此無視通過，而是用自己的話語去確認眞僞。

「**這是眞的慈善活動嗎？**」

要是認爲這是眞的慈善活動，那即使捐贈杯水車薪也是好的。

不要將「**這說不定是詐騙**」這種自己的藉口，不知不覺濫用。

將「**不用在意他人**」，這種「**不義**」正當化，才是問題所在。

筆者在本章一開始會說明白日夢中的「墨子之窗」，是扇能看到世上人們以及各種事物「**義**」與「**不義**」的不可思議窗戶，透過這扇窗可以讓那些想以「**正當化**」來包裝不義的行爲無所遁形。

而對於「**唉呀，因爲人本來就會有各種狀況**」和對「**不義**」置之不理的人們，不知道自己其實正是「**不義**」的一員。

「**義**」或「**不義**」，唯此才是人世間的眞理，這是「墨子之窗」教會我的事。

第二章

墨子的思想與言論

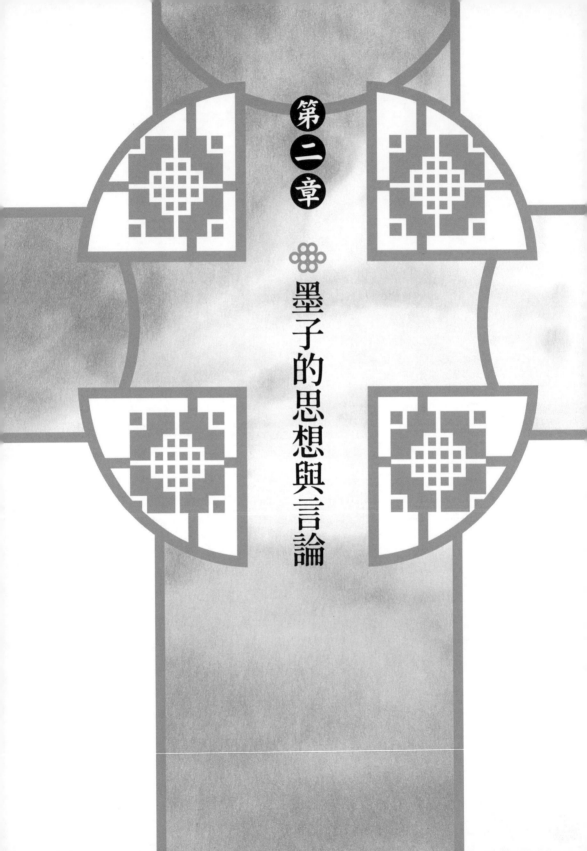

墨子的起點　中國古代第一個王朝「夏朝」的君王——禹

墨子出生於小國魯國，北鄰齊（現在山東省附近），西鄰衛（現在河南省西南部到北部一帶）和魏（山西省南部到河南省北部），還有與周（洛陽一帶）、韓相連位處內地的秦。南邊有宋，更南方還有大國楚國（長江中游流域）。

據說早期墨子將如此遼闊的華夏中原，當作是小地方般頻繁活躍地四處遊走。在古代，要出遠門的交通工具就只有馬和船，這樣的行動範圍除了可以稱他爲超人之外，沒有更好的形容。

墨子之所以巡迴往返無數大大小小國家，用現代語言來描述的話，因爲是要蒐集戰略性資訊，同時也是以「戰略家」這個身份行銷自己。

當時的思想家們，原本就抱持著一統中原的理念，改朝換代成周朝後摸索嶄新的統治型態。墨子理所當然置身在這樣的政治立場中，但其實墨子所主張的制度，其中心思想比較接近近代所說的「民主制」。

然而當時的所有諸侯們，無意從殷朝轉周朝的政治傳承上做任何變革，墨子的主張，在基本發想的部分就已經被各諸侯刻意迴避，自然無法成功。

這是個群雄割據的戰國時代，但當時人心絕非放蕩頹廢，光是從諸子百家誕生出的能量就奔放洋溢，可以說是一個充滿浪漫傳奇的時代。

在這樣的時代背景下，墨子更加充滿動能，支持他的弟子們也受惠，造訪無數大小諸國，接觸各國統治者、領導者的墨子，對於蓄勢想要成爲下個世代共主的諸侯們固守不變的封建態度，想必感到厭惡吧？

不意外地，墨子全然否定了那樣的諸侯，也拒絕在諸侯底下工作，他放棄了爲自己求職，當時墨子進行的，是在自己的領域中構築思想學派。

墨子在創建自己的思想學派之際，他鎖定的目標，是夏朝的社會制度，和夏朝君王——禹的思想。

傳說中的夏朝，在周滅殷商之前就已存在，是個傳說中的王朝，近年來同樣從考古學上的發現，也定論了這是確實存在過的王朝。

關於墨子在夏朝尋求思想的起源，在此節錄《淮南子》（以老莊思想爲基礎的漢學時代學說集）中的一段文字：

「**墨子學儒者之業，受孔子之術，以爲其禮煩擾而不說，厚葬靡財而貧民，服傷生而害事，故背周道而行夏政。**」

墨子在此已明確否定儒家，並否定周朝的社會制度。追求所有事物都以簡約爲原則的夏朝制度爲思想的起源，墨子不單只是傾慕夏朝的社會制度，他對於夏朝的君王——禹，也有極高評價。

〈莊子天下篇〉中，是這麼描述禹的：

「**昔者禹之湮洪水，決江河而通四夷九州也，名山三百，支川三千，小者無數。禹親自操稿耜而九雜天下之川，腓無胈，脛無毛，沐甚雨，櫛疾風，置萬國。禹，大聖也，而形勞天下也如此。**」

墨子將此處所描繪的夏王聖人——禹，視爲中心思想的範本，形成了思想獨具的墨家。方向確立後，墨子自身也完成了嶄新的思想創造，他開始重新展開全國巡迴遊說諸侯。

當時，雖然許多諸侯曾傾聽墨子的嶄新思維，但卻無意實踐這個思想發展成下個世代的社會型態。

就結果來說，墨子的思想活動確實只是徒勞一場罷了。

在野的政治家，做為學者的墨子

在努力卻得不到回報的狀況下，墨子越發地爲墨家的形成注入心力，其思想學派逐漸轉變爲堅若磐石的組織樣貌。

墨子之下集結一門擁有狂熱信仰，具組織力和團結力的門徒，宛如一個大家庭，在經濟方面實行共享制度。墨家子弟人才濟濟，有技術嫻熟的工匠、精明幹練的商販，還有不少子弟爲各國君主網羅，委以重職。

然而無論他們從事何種行業，都會把收入的一部分上繳以利組織運行。

墨家這個信念堅定、組織綿密、紀律嚴明、裝備先進的武力集團，從不會因金錢利益而協助大國從事不義的侵略戰爭，他們的武力總是用來保衛弱小國家免於大國的侵略，以貫徹他們兼愛、非攻、貴義的信仰！

墨子的〈公輸篇〉當中有這麼一段：

當時楚國想要攻下宋國（現在河南省商丘縣一帶），楚國認爲只要殺了幫助宋國防禦的墨子，就能攻陷宋國。

爲此，墨子自行前往楚國，向楚王遊說：

「殺臣，宋莫能守，可攻也。然臣之弟子禽滑釐等三百人，已持臣守圉之器，在宋城上而待楚寇矣。雖殺臣，不能絕也。」

楚王聞言後答：「善哉！吾請無攻宋矣。」因此中止了侵略宋國的計畫。

然而這過程墨子卻沒有告知宋國，完全不想邀功。

完全搞不清楚狀況的宋國人，不思援軍墨家的好處，反而屢屢覺得墨家礙事多餘。

墨子從楚國返家的歸途上，經過宋國，途中遇上大雨，想在宋國村莊避雨，誰知卻被村民驅趕。

墨子於是說：

「**治於神者，眾人不知其功，爭於明者，眾人知之。**」

這就是墨子所提倡義的本質。

無論是「**兼愛**」或軍事指導，那都是基於墨子「**助人**」的中心思想。

墨子即使被不知道自己救了他們的人驅趕不讓躲雨，也不會說「**早知道就不幫忙了**」，而是發揮「**實踐義的嚴厲與光輝**」。

墨子是位體察人世間酸甜苦辣的領導者。

果敢（大膽決斷與執行）不羈（不被世俗觀念所束縛），言出必行、生氣蓬勃，充滿魅力。

如此一來，以傾心於墨子的庶民階級爲中心，墨子的思想勢力逐漸集結。

墨子巡迴各國，提倡將墨家組織擴大的必要性。

要爲刑期屆滿的墨刑受刑者（囚犯）、流氓、小販、產業工人、土木工人、農民等各階層指派適合的任務，墨子扛下這個繁重的人事工作……

同時要確立經營管理制度，針對培養組織秩序、聯絡方式、諜報活動這類人才並成立指導部門，以及製作武器、器具等工匠們的製作部門……

還要建構化學藥品等的研究和生產部門。視察各國，成立繪製各國防衛設施、要衝部門的圖面承包部門，並設置蒐集各國情資工作人員分散各處的住宿處等……

現今所謂基礎建設事業，墨子都一一實行，在增強墨家組織的同時，也加深指導墨家成員的理念。

如此看來，墨子並不只是提倡理念的思想家，而是在野的政治家，也是一名學者。

不用說，墨子並未擔任任何國家的官職，也沒有贊助者，我們可以說他是自給自足，奉獻一生進行社會活動的志士。

終日操勞的活躍活動，有再多鐵打的身體都是不夠的，「墨突不黔」這種說法也應運而生。

外界普遍認為墨子之所以能堪如此繁重的職務，是因為擁有強烈鍛鍊頑強的健康體魄。

此外，墨子是工程技術人員，也是科學家，因此能夠做出農民必須的肥料以及農具改良，和墨家成員各自家業所須的工具，因此感動眾人。

正因為墨子是此等充滿智慧、兼具創意與技術的才子，因此才能完美運用特殊的欺敵戰術，指揮墨攻、墨守。

此時的墨家已堪稱有百萬群眾，墨子的行動與思想受到各國庶民的支持。

不只引人入勝，也是可以流傳的思想

《墨子》語錄七十一篇當中有十八篇遺失，五十三篇現存於世。

這些墨子語錄，是由墨子的弟子們，也就是所謂的墨家口述流傳下來的，並不是墨子自己寫成的一本書。

墨子應該是如同剛才提到的「墨突不黔」般，連把自己的思想寫成書的時間都吝惜吧！

此外，總是採取「**行動**」的思想家墨子，相較於寫下文字，直接口傳，透過「**語言力量**」的形式，藉由語言傳承，思想更容易受到重視。

考量墨子生存的時代，墨子提倡思想的對象為大衆，尤其是社會底層，以現在來說，也就是身處社會邊緣的人們，他們的識字率低，若將思想寫成文字當教科書推廣，對於不識字的人而言是無法傳達的。

因此墨子採用宛如說書人講述傳說般的方式，用無論是誰都能聽得懂的語彙，向人們傳遞墨子思想。這在研究墨子思想上，是極為重要的。

墨子語錄中，採用對話形式的訓示，或以「**例如……**」爲開頭的舉例說明非常多，這就是墨子意圖用庶民能夠容易理解的語彙傳達思想本質的證明。

墨子的語錄，就算是沒有學識涵養的人，只要別人讀給他聽，就一定能簡單明瞭。

用一種像是民間故事流傳下來、奇聞軼事的形式，讓人們大幅度的口耳相傳。

這與墨家集團主要是由「**墨刑者**」組成也有關係吧。

國家權力禁止某些思想，即使透過焚書取締相關書籍，但實際上不可能將人與人之間傳遞的語言燃燒殆盡。

墨子深知打動人心的話術結構，自己在列國之間，以君主和大衆爲對象，展現言語的力量，提倡自己的主張。

傳遞思想必須配合行動，墨子用行動彰顯自己的存在。

我想，這樣的墨子無論生在古代的中國或現在的日本，就算是在美國，也會影響很多人去「思考」吧！

思考這世上的不公不義，思考自己的人生，筆者也「打算要」思考。

但從墨子思想的觀點來看，沒有伴隨行動的思考是沒有價值的。

就算不斷思考政客的腐敗或階級社會，若光只是思考，是不會讓事情有任何改變的。

「爲什麼會變成這樣?要是這樣的話應該要怎麼做……」然後針對行動的結果，實踐接下來應該要去思考什麼。

這樣爲了行動的思考，正是墨子思想突出的特徵。

墨子以自身的行動來證明自己主張的強度，正因爲如此，墨子身邊才會集結立志行義的人，形成「墨家」。

換言之，墨子思想的起點，是在勸說合理的思考方式。

所謂的合理的思考，容易被誤解爲是指排除人性、情理等這些被默認爲所謂「**人性**」的想法，這是錯誤的。

在這裡要以墨子代表性的主張之一——「**節葬**」爲例。

所謂的「**節葬**」，指的是簡化喪葬禮儀。

墨子生存的戰國時代，規定國民有厚葬久喪的義務，意指需舉行繁複豪華的葬禮，並長期服喪。

在當時的中國，君王們崇尚儒家思想，認爲孝親是至高的美德，因此若父母逝世，應舉行盛大的葬禮，也要停工長時間服喪，這被認爲是孝子的責任。

如果是經濟無虞的人，還有可能舉辦奢華葬禮並長期服喪，但對於貧困的民衆而言，勉強進行厚葬久喪，再加上失去至親的悲痛，可能因此讓生活變得更加困窘。

此外，若是君王或官吏（公務員）等執政者也效法厚葬久喪，期間可能導致本應以民爲本的公務變得馬虎潦草，結果就是造成國力低下。

此外，若是公職人員的葬禮，資金動用的是國民繳納的稅金，那麼要厚葬君王或官吏，勢必會減少國家資本。

這是可以理解墨子合理化思考的其中一個例子。

若簡單完成血親、摯友的葬禮，就會被人認爲是寡情，但簡單的葬禮並不影響憑弔死者隆重的心意。反過來說，就算父母在世時不孝之人，只要辦個隆重的葬禮就能算是孝順了嗎？

墨子就是基於這樣的理由，對君主和大衆倡導葬禮簡化。

人死弔唁是理所當然的舉動，墨子批評的並非這一點。

墨子是以全民族總合的憂國意識來提倡節葬。

墨子是愛國之人，正因爲是愛國者，因此對於道貌岸然的儒家流於形式化的道德觀念，以及當權者損及國家利益的愚蠢心理操作之舉，敲響警鐘，倡議補充合理的思想。

和「**節葬**」相同，墨子也提出「**節用**」這個合理主義，爲說服一個國家爲了蒼生百姓的利益，停止無用之舉。

「**節用**」主張政治家只進行對國民有益的事，因此不應耗資舉行無用的祭祀，重視實用利益，例如主張武器要排除多餘的裝飾，製作堅韌的盾和盔甲，應增加人口提高國力。

與「**節用**」並列的還有「**非樂**」這個主張，這是立足在理解墨子的合理思想的本質上，容易另人理解的一篇。所謂的「非樂」，是主張廢止音樂，但此處的音樂和現今的陶冶心靈的音樂意義是不同的。

墨子生存時代的音樂，是爲禮樂，當時在國事上扮演重要角色，具政治性的社會意涵。演奏者的質量和樂器的精細度展現出一國的政治實力，是國政上不可或缺的要素。

事實上，儒家思想中提倡與禮節（禮）並列音樂（樂）的重要性，但墨子認爲這樣的音樂並無用處，應該廢止。

墨子認爲，如國家祭典上需要樂師演奏音樂的話，原本擁有優秀體能的人才，被召集起來演奏，瓜分了本來農耕工業的人力，其結果就是讓國家的生產力低落。

此外，爲了展現國力，集結優秀的演奏者和製造樂器，都必須傾盡國家稅收等公款。當世曾因某些特定狀況，還爲了禮樂對百姓加重課稅。

最重要的是，演奏音樂並不能解決貧困或政治不安定等問題，眞要是爲民衆著想的王公貴族，就該停止花費金錢在音樂上這個無用的愚蠢之舉上，應該要集中原本執政的資金和能力，善加作爲。

這就是墨子說的「非樂」。

墨子在〈非樂〉中曾這麼說：

「民有三患：飢者不得食，寒者不得衣，勞者不得息，三者民之巨患也。然即當爲之撞巨鍾、擊鳴鼓、彈琴瑟、吹竽笙而揚干戚，民衣食之財將安可得乎？即我以爲未必然也。」

意思是：

「民眾有三種憂患：

饑餓的人得不到食物，

寒冷的人得不到衣服，

勞累的人得不到休息。

這三樣是民衆的最大憂患。

然而當爲他們撞擊巨鐘、敲打鳴鼓，彈琴瑟、吹竽笙，舞動干戚，

民衆就能獲得衣食財物嗎?我認爲未必。」

稍微讓我插話一下。

現在筆者所居住的日本，對於「**二〇二一東京奧運**」這件事有很多批判的意見。

許多國家的人對日本感到憧憬，覺得「**日本是很棒的國家**」，來到日本的觀光客也逐年增加。

但另一方面，日本國內的情況，就算是逢迎拍馬也說不出現況很棒。

日本厚生勞動省每年都會進行「**國民生活基礎調查**」，做出國民生活相關統計（每年採簡易調查，每三年一次大規模統計）。

根據二〇一六年最近期的最新大規模統計中，有超過五十六點六%的國民表示「**生活很辛苦**」，有小孩的家庭感到生活辛苦的比例達六十二%，單親家庭更高達八十二點七%。

或許這個數字對很多外國人來說是難以置信的，但現今日本的兒童，每七人當中就有一人的家庭是難以溫飽的貧窮階層，以年輕世代爲主的自殺人數，每年更是超過兩萬人。

現今的日本，絕非是個能讓人過著富裕幸福人生的國度。有著這樣情事的國家，卻爲了「二〇二〇**東京奧運**」，從當初編列一兆三千五百億日圓（約三千八百五十八億新台幣）的預算，到後來發覺不足，二〇一八年又再膨脹到三兆日圓（約一兆新台幣）。

其中超過八千億日圓（約二千八百八十億台幣）的國家支出，是從表達「生活很辛苦」的國民那裡得來的稅金。

順帶一提，日本對於生活窮困者有所謂的「**生活保護**」制度，在一定的條件下，對於「**生活很辛苦**」的家庭會提供經濟支援，但一年的總金額約三兆八千億日圓（一兆八百億台幣）。

也就是說，要舉行「二〇二〇東京奧運」，等同於要投注相當於日本所有貧困家庭一年份的公共補助資金。要是讓主張「非樂」的墨子聽到這種話，肯定會暴怒又驚訝不已吧！

國際各國之所以競相爭取國際型運動盛典——奧運，是因爲這場運動盛事將帶來鉅額經濟效益的商機。事實上，東京都也發表試算結果，奧運將爲日本帶來三十二兆日圓（約十兆台幣）全國性的經濟效益。

或許會有人認爲：「用三兆日圓換來三十二兆日圓的景氣不是很好嗎？」

但，這個數字卻存在著欺瞞。

約三十二兆日圓的經濟效益，是奧運舉行後十八年的試算，而且，這些經濟效益並不會拯救貧困階級。

根據日本官僚和政府建構的社會結構，如此經濟效益受惠的，就只是大企業和原本富裕階層的人們。

在這之前的問題是，需要透過奧運增進經濟效益的，應該是那些被稱爲是開發中國家的諸國。

與前面舉的「**盛裝慈善活動派對**」例子相同，筆者認爲在這個意義上，「**二〇二〇東京奧運**」也是「**不義**」的行爲。

墨子認爲，對天下百姓連最低限度生活保障都做不到的現世，還想藉由樂音誇耀國家體制的惡政，無論對國家或對百姓都是百害而無一利的。

在這要特別提出的是，墨子以「**我聽音樂會感到開心**，人往往都會沉迷**醉心於這種滿足**」這一點前提下，即便如此，認爲廢除音樂就長期且本質上來說，對於世人還是有利，因此還是提出非樂的主張。

墨子合理性的思想，在理解人情世故、感情意志的基礎上，去認清「**但現在不正應該這麼做嗎**」這樣的現實，將自己置於實踐改革的立場。

墨子的「**非樂**」擺在你我眼前的課題，是「去除虛僞，看清本質」這件事的重要性與嚴重性。

墨子思想的架構

此處要來看看墨子思想與言論的要點。

如同「**東奔西走**」這句話，墨子在廣大的列國間四處演說，不只闡述思想，他也擁有傑出的智力和武力組織，對於侵略小國的大國，親自揮軍進行軍事指導的「**戰鬥的思想家**」。

再加上墨子不只軍事指揮，爲了進行防衛戰術，自己甚至製作出獨創的武裝器具，是優秀的技術人員。墨子所有的思想、鼓舞行動的語彙雖然散落各處，但從「**備城門**」開始，關於專守防衛的論述考察，是有指導戰術的具體內容的，在此列舉概要如下。

「**備城門**」防守城池的戰術。

「**備高臨**」對於從高處遭受攻擊的防守戰術。

「**備梯**」對於從雲梯遭受攻擊的防守戰術。

「**備水**」對於被水攻的防衛戰術。

「備突」　對於遭受奇襲攻擊的防衛戰術。
「備穴」　對於敵人挖掘地道到城內攻擊的防衛戰術。
「備蛾傅」　對於大軍來襲的防衛戰術。
「迎敵祠」　關於戰時祭祀的指導。
「旗幟」　關於使用旗和幟傳達命令的指導。
「號令」　指導軍令。
「雜守」　專守防衛的總論。

這些都使用「備」這個字，「備」就是防備的意思，因此墨子的戰術是以守備外敵攻擊爲基本，但這和不抵抗主義不同。不用說無論哪場戰役都是互相殘殺，就算只是防守，若不殺敵也就無法守護自己陣營。

舉例來說，對於已經逼近城牆的敵人，要從他頭上射出著火的箭或扔石頭。

爲此要在城池前方設置臨時的城牆，達到分散敵人站立的效果等，墨子接連制定出一個個良策奇計並進行指導。

奇計成爲主要的防守戰術，是因爲墨子經常站在弱者小國的這一方。

由於面對壓倒性兵力的大國軍隊，正面衝突非常不利，因此爲了與之抗衡，要用出其不意的戰術對抗。這就是墨子以戰術家身份享有盛名的原因。

但是墨子絕非是「**保鏢**」。他首先教導的，就是面對大敵當前卻缺乏賭上自己榮譽性命俠義精神抗敵的人們認清：「**必須要戰鬥。**」。

實際上，苦於苛政的衆多百姓，本就無對抗的勇氣與體力，就算人民起義，也不能造成威脅或有任何戰略。

墨子對於因爲死心和絕望感而變得無力的人民，並不是告訴他們只要經由自己的指導，就能不流一滴血得勝。

一定會有人死，但就算死，也能青史留名。

捨棄尊嚴投降的話，自己國家的城池就會被奪走，從此會成爲奴隸生活，他用這些道理鼓舞民衆。

要這些被無力感支配的人們以俠義之兵的姿態振奮起來，不是靠樂觀主義，不是靠策略、也不是靠交換條件，而是靠墨子從自己靈魂深處吐露、拼死說出的「**話語**」的力量。

不只是戰國時代的中國，即使是現代，大敵當前孤軍奮戰也是「不利」的，就如同「**好漢不吃眼前虧**」般，想以強韌的東西對抗敵人才是不合理的思考方式。

但對眞正的合理主義者，也是現實主義者的墨子來說，這樣的思考方式除了讓思考中止以外，一點用也沒有。

自己拋棄「只要戰鬥就可能得到變革」的機會，就如同堅信無法從命運中強行逃出的人，可以視作是怠惰。

這個部分，墨子是徹底的反儒家主義者，也才會有「**墨子的義憤爲言行的根源**」這種說法。

儒家提倡「宿命論」，人類的宿命固定如下：

「壽夭貧富，安危治亂，固有天命，不可損益。窮達賞罰幸否有極，人之知力，不能爲焉」

意即：

「壽命長短、貧富差距、國家安泰或混亂，這些都有天命，是人力無法改變的。」

墨子針對這個部分，全面否定如下：

「群吏信之，則怠於分職；庶人信之，則怠於從事。吏不治則亂，農事緩則貧，貧且亂政之本，而儒者以爲道教，是賊天下之人者也。」

意思是：

「要是相信了儒家這種言論，官吏對份內的任務懈怠，一般人相信了這些話，則對勞作懈怠。官吏不思治理社會就要亂，農事一慢百姓就要貧困。既貧困又混亂，就違背了政事目的，而儒者卻以此爲「道」，這是在是殘害天下的人啊！」

這在《墨子》的〈非儒〉篇幅中有詳細敍述。

如同前述，可以視作是墨子言論集的《墨子》全篇是以七十一篇組成，但現在僅存五十三篇流傳後世，遺失的十八篇不詳。

這是因為在漢朝儒教成為中國的國教，墨子的存在與其思想事實上遭到了抹滅，墨子思想也成為「**絕學**」。

此外，墨子沒有親自動筆書寫的書籍，有記錄提到《墨子》，是由墨家的繼承弟子們回想墨子樣貌編纂而成。因此各個言談被記錄下的時代或地點都各有不同，但無論如何，墨子的言論以無形珍寶之姿滲透到各個階層的民眾心中，對於這樣的墨子，內心的敬意和憧憬，就算零散被記錄在《墨子》中，卻還是可以說是賦予了一貫的論點。

那麼接下來筆者從組成《墨子》的各個篇章中，節錄出特別重要的內容，同時讓我們一起來研究一下被記錄在此的墨子見解吧！

「親士」官僚主義亡國

本篇是《墨子》第一卷最早記錄下來的內容，學說中有些近似於儒家思想的言論，中心思想也有沒能維持一貫，因此後人推測這是墨子思想衰敗時，有意將儒家理念增加進來的篇章。

另有一說是，這或許是原本學習儒家的墨子，在思想未獨立前自己寫下的內容。但不管怎樣，值得注意的是，這個篇幅都是被放在《墨子》的卷首，因此我決定接觸看看。

墨子在〈**親士**〉篇論述的主旨是，若能正確啓用恰當的人才治理國家，那麼國家就能變得國富民強。

這與之後的〈**尙賢**〉有重疊之處，但也只有被列爲社會地位低下、手工業出身的墨子，才能一針見血的建議出雇用機會均等，提倡人事的重要性。

在這個論述中，墨子明確提及，以現代說法所謂的「官僚主義」，是會亡國的。

當領導者的政策有誤，已明顯損及國家人民利益時，下屬應向領導者直言其錯。墨子提倡治國應尋求這樣的人才。此外他主張，能雇用如此優秀的部屬，就可看出領導者的資質。

在官僚主義中，單就因職務階級在上位者，就被視爲比下位者「**能力**

強」。近代「**文明社會**」中，這樣的階級制度更被視爲是理所當然的。

也就是說，若把官僚主義放到民間，社長之所以是社長，是因爲比一般職員更有能力，如果社長是創業者，一般職員對社長命令唯命是從，也被認爲是合情合理的。

這個邏輯如果套用到政治人物身上，一國的領導者之所以是領導者，就一定比全國人民優秀，而領導者任命的閣揆，當然也比一般國民都了不起，才能擔任公職。

此外，受託行使國民權力的代議士，也一定得是群衆中特別優秀的人，才能擔任代言人。

然而實際上，無論哪個國家，都曾發生過政權或企業腐敗的情況。

要是這樣，就意味著官僚主義形式上官職位階的高低，並非正確顯示領導者或執政者能力的基準。

墨子提倡所謂的明君，必須發掘能指謫自己錯誤，共同領導政治走在正確之路的賢者，並須讓賢者成爲親信。

要是能採納這種不欺瞞君主的良臣，也會對國民的認知產生影響，不追求虛有其表的工作，不應只想獲得利益與享樂生活，這樣的倫理觀和道德律法自然而然就會穩固在人們心中。

「尙賢」採用眞正有能力的人才。

《墨子》編纂結構上的第二卷序章是〈尙賢〉，當中的言論與放在卷頭的〈親士〉有部分主張重疊。

這裡敍述了不應有政治性的派閥或世襲，而是該以能力主義起用人才的重要性。

墨子指出要廢止賣人情的人事安排，能適才適所採用眞正有能力的人才，才是一國通往繁盛與國民幸福的道路。

墨子提出起用正確的人才，才是國政上最重要的課題。

墨子是這樣說的：

「若是一國言明要雇用擅長弓箭者，不雇用不擅長者，那麼無論是誰都會想要努力練習。

對公務誠實的臣子能身居要職，不誠實者就會被解雇的話，不管是誰也就都會誠實。

要是這成爲國家的中心原理，作弊的人就會被淘汰的話，一國整體都會競爭品德，國力因此提升。」

如此簡單正確的言論，在政治的實際操作面上卻沒被採用，是因爲官僚或政治人物，擔心若是被有能力的人才批判，自身會失去立場。

國家的腐敗都是從官僚政治人物只任用不批判自己的人爲部屬開始產生變化的，墨子言明，這就是亡國惡政的根源。

如前所述，墨子是出於個人意願，降階社會最底層的庶民出身開始，以大衆的視角爲基準展開各個論述。

但這並不是墨子個人希望能得到社會上的厚待，也不是希望讓大衆能分配權力階層的既得利益。

「體：分於兼也。（部分是由全體中分出來的）」正因爲是墨子的思想，相較於大衆，只要天下國家社會有公正的政治與繁榮，自然而然也會爲大衆帶來和平和幸福。

因此墨子是在抨擊權力結構帶來的「人情偏袒」。

此處也充斥著墨子的合理思考。

例如弓箭斷了要找技術好的職人修理，馬生病了要找名醫診斷，這種時候應該跟關係交情、財產、或身份都無關。

技術好的弓箭職人就算身份低微，也不會有君主跑去找比他能力差的職人修理弓箭。

此外，昂貴的弓只能找某位職人修理時，就算這位職人個性古怪不討喜，但也沒有君主會因此就把昂貴的弓隨便丟掉的吧！就算君主內心再生氣，應該也還是會去拜託職人幫忙修理弓箭。因爲心知不這麼做才是違反利益啊！

然而這樣的君主到了要起用經營國政的臣子時，狀況卻完全相反。

就算明明知道來者是倡議民衆利益之人，卻仍只因對方身份低微，就不願意聽，還可能因個人好惡這種感情用事的理由辭退任用。

嘴上說著彷彿明理的話，但行動上卻完全相反。

民衆看到君王如此，會認爲：

「果然只有身份崇高的人才能佔盡好處，就因爲我出身低賤，即使再怎麼努力提升技術、能力，終究得不到機會啊！」

徒增灰心的民衆，再次感到社會從起點就不平等。

另方面，「**就算公正評判也得不到什麼好處，只要對官員逢迎拍馬、阿諛奉承，就算能力有限也能得到較好的工作。**」

當民衆都這樣思考，人人追求獲得與能力不符的利益，過著舒適的生活，階級社會也就從此拍版定案。

實際上若以這樣的惡政來經營國家，依循這樣的原理，經濟和教育也會產生變化。

當「爲了利益不擇手段有什麼不對」這樣錯誤的社會共同價值出現時，批判這個現象的人反而會被嘲笑是「**不懂人情事故**」。

墨子苦口婆心，從國之「**整體**」，身爲領導人的君主們遊說，若不能藉由正確判斷實踐政治，就會導致作爲「**部分**」的民衆無法正確運作這個觀點，因此認爲絕對不能停止對不當領導者的徹底彈劾。

這個觀點會與只懂譴責無知國民的評論員式社會批判劃清界線，讓墨子合理的、行動式的思想聲明大噪。

「**兼愛**」廣泛的愛人，全人類沒有差別待遇的平等生活。

這是墨子的言論中特別有名的一個篇章。

雖然與大乘佛教的慈悲，和基督教的「**博愛**」部分有共通之處，但佛教的慈悲或基督教所謂的「**博愛**」，可以說是一種做爲人類精神態度的道德勸說。

相較於此，墨子所謂的「**兼愛**」，是立足於更寬廣的社會，去敍述差異否定論。順帶一提，墨子的年代早於大乘佛教及基督教數百年，因此應該可以認定他是人類史上第一個提倡「**全人類平等**」思想的人物。

「**兼愛**」的「**兼**」，指的是將不同的東西廣泛統合成一體的意思。相反的情況墨子是用「**別愛**」這個詞彙來表達。

因爲是同族所以喜愛（偏袒與自己有關係的人），因爲是相同身份所以喜愛

（地位對等的意識），因此只要是非我族類就不愛這也是理所當然的，用這樣民族優越思想或種族主義思考的方式就叫做「**別愛**」。

也就是說，「兼愛」是將他人或社會的全部都當作自己的事情來思考並愛護，「**別愛**」則是只愛護與自己有利害關係的人，而墨子的敵人——儒家，正是以「**別愛**」爲象徵的存在。

儒家所謂的「**禮**」，就是只提出某個部分都言之成理，但這個道理只對某一個部分的階級正確，卻讓其他階級受苦，因此會損及整體利益。

像這樣墨子的「**兼愛**」，並不單單只是去討論人類彼此感情的關係或道德，而是主張爲了創造一個沒有差別歧視的社會而廣泛去愛。

倡導「**把萬事萬物都當作是自己的事情考慮，全人類都不受差別歧視平等生存**」的這種「**兼愛**」思想和言論，即使是在墨子的時代，也因爲「太過籠統、**毫無可行性，無視於現實狀況過於理想主義**」，而遭到君王諸侯敬而遠之。

至於將墨子視爲是危險份子的儒家，認爲「**將別人的雙親當作自己父母孝順**」這種思想，是褻瀆自己的親生父母，等同於不孝，因此不斷否定「**兼愛**」。

然而墨子卻認爲，如果能不分彼此，大家都這麼做的話，事情就會變得簡單，因此持續提倡「**兼愛**」。

人類社會所有展現出的行爲，當然是以人類的思想、理念、概念等人類所擁有的精神和思維活動爲根源。

地球上除了人類之外，沒有其他生物擁有那麼複雜又奇怪的文明文化、形成社會的。

墨子論述的所有理論當中都有一個部分是共通的，那就是墨子一貫主張——人類的行動是可以從思想上做改變的。

若是一國站在「**義**」的思想上眞心以公衆利益爲考量的話，當權者越是實施受雇平等及財富共享政策就越不困難。不實行這種政策的國家，是因爲存在著認爲社會階級差異越大，就對自己越有利的權力階級。

墨子是這樣說的：

「**然當今之時，天下之害孰爲大？**

曰：若大國之攻小國也，大家之亂小家也，強之劫弱，衆之暴寡，詐之謀愚，貴之敖賤，此天下之害也。」

意思是：

「當今現世，什麼是天下之害呢？

例如大國攻伐小國，財大勢大的家族侵擾小家族，強大者欺凌弱小者，人多者輕賤人少者，國家欺騙人民，狡詐者算計愚笨者，尊貴者傲視卑賤者，這就是天下的禍害。」

墨子將社會弊端之所以無法改善的原因，歸咎於儒家思想肯定的「別愛」。甚至提出若堅信「別愛」的男子，遇上自己要出征上戰場時，應該也會將自己的家人託付給具有「兼愛」精神的人。因爲有誰能放心把自己的家人，託付給對非我族類冷眼相待的人呢？

那麼，現在該要如何具體實踐「兼愛」呢？

以暴力打敗信奉「**別愛**」主義的當權者，就能實現「**兼愛**」的社會了嗎？

答案是不可能。就算打倒不具「**兼愛**」思想的當權者，之後也不過就是換上新的當權者而已。

爲了讓大家更容易理解，請容我舉個公司裡的例子。

某個員工，認爲公司業績不佳的原因，是因爲社長指導的經營方針有問題，於是那個員工提出了方法，逼退社長。那位員工以自己的理論正確爲由，逼退社長，並宣言自己就是新社長，收編社長大位。但這樣公司是不可能穩定的。

因爲該員工就任新社長的當下，其他員工多半不服。因爲衆人不明白這場社長替換劇是在全員不知情的「**兼愛**」狀況下發生，就只能淪爲單純的人事異動。

社長和員工，超越職務的立場思考怎麼做對公司整體是好的，這就是一種「**兼愛**」。

有句話叫「**組織改革**」，如果組織改革了，人本身還是沒有改變的話，就只不過是重新配置罷了。就好比生鏽的鋼筋建築因爲要改建而解體，但卻繼續使用同樣生鏽的鋼筋重新改建一樣，是毫無意義的。

首先，身爲整體一部份的個體一人，若擁有「**整體富足我自己也會富足**」這樣遼闊的視野，就是實踐「**兼愛**」的方式。

說的就是，不管怎麼改造構造，卻不改變「**人類的精神、思考方式**」的話，就只是來回兜圈。

墨子之所以不想以武力，而是以思想推展「**兼愛**」的理念，就是基於這個理由。

也就是說，如何具體實踐「**兼愛**」這個問題的答案，就是讓全人類都知道「**兼愛**」這個思想理論，除了全人類實踐之外別無他法。

在儒家的思想中，抨擊「**全人類**」這個說法只是「**理想化**」、「**作夢**」。

但正如前述，信奉「**別愛**」活著的人，遇到什麼萬一，自己也會轉換「**別愛**」的「**別**」這個立場，進而尋求「**兼愛**」的幫助。

墨子說「恨人者人恆恨之，愛人者人恆愛之」，這句話呈現出的眞理，是之所以無法做到兼愛的原因，就是因爲「別愛」的階級思想是元兇。

墨子尊敬實踐「兼愛」的聖人、夏朝的君王——禹，墨子也曾說過他從夏禹身上學習「兼愛」的思想。每當「兼愛」被儒家批評爲是作夢時，墨子就會引用夏禹的傳說，倡議「兼愛」在人類社會中，是必須要被實踐且不可或缺的要素。

「非攻」戰爭爲「不義」

平時殺人就會遭受死刑，戰爭時引導士兵殺了數萬人的人卻成爲英雄。

這不稱之爲不義又該怎麼形容？

與「兼愛」齊名，「非攻」也是墨子代表性的主張。「非攻」的主旨是反戰，但墨子的主張與一般的和平主義最大的區別，就是從「義」的概念來否定戰爭。此外，光是墨子思想的核心概念，就讓論點簡單明瞭。

墨子是這樣論述的。

「殺一人謂之不義，必有一死罪矣，
若以此說往，殺十人十重不義，必有十死罪矣；
殺百人百重不義，必有百死罪矣。
當此，天下之君子皆知而非之，謂之不義。
今至大爲不義攻國，則弗知非，從而譽之，謂之義，
情不知其不義也，故書其言以遺後世。
若知其不義也，夫奚說書其不義以遺後世哉。」
「殺掉一個人，叫做不義，必定有一項死罪。
殺掉十個人，有十倍不義，則必然有十重死罪了；
殺掉百個人，有百倍不義，則必然有百重死罪了。

對這種罪行，天下的君主都知道指責它，稱它不義。但攻伐侵略他國這種大不義之事，卻不指責其錯，反而跟著稱讚它爲義舉。

他們確實不懂那是不義的，因此記載並稱訟侵略他國的戰果遺留後世。若他們知道那是不義，又怎麼解釋記載這些不義之事，來留存給後代子孫呢？」

墨子議論，要是殺了一個人就是殺人死罪的不義，那麼攻伐一國殺戮數萬平民百姓的戰爭領導者，爲什麼不會被認爲是不義？

在現代講到非戰言論是理所當然，不過在亂世的中國春秋時代，這可以說是挑戰世界本質的革命性言論。

宛如現代的軍國主義般，當時的中國，臣子們若想出人頭地，就必須得拿得出赫赫戰功，在亂世中所謂戰功，就是侵略他國、虐殺其他部族、強奪豪取財物和領土、帶著奴隸光榮返鄉……的意思。

明明不喜歡上戰場的農民，卻因被徵兵，若不去攻擊敵國就被說是無能，如果不在被殺掉前先誅殺敵人，就沒辦法活著回家……

在這樣的情況下，就算不是出於本意，但也承擔了不義。許多人一聽到墨子的「**非攻**」，一般也只能低下頭，不置可否。此外有些人稱大國，更藉由侵略他國的行爲伸張自己國家的利益，在這個時代，所謂的利益被認知就是得要出兵奪取。

墨子身處於這樣的社會下義憤不止，但憑一己之力巡迴列國之間，對於當時的君王和爲政者徹底講述戰爭的「**不義**」。

誠如前述，墨子這樣的思想其實就是全人類的潛在意識，任何行爲只有「**義**」或「**不義**」的分別。

墨子並沒有提出「**依情況不同**」這樣的條件性結論，就算有什麼原因等不得已的理由——「**戰爭就是不義**」。

「節用」政治要排除鋪張，以國民利益為先

墨子倡議為政者應排除奢侈鋪張，拒絕超過必要的生活。光只要實施為民謀利的事就能使國家富裕，墨子骨子裡其實是個功利主義者。

本書屢屢強調的，是墨子所說的合理性、功利主義，並不是一般被認為的官僚主義式思想，無寧說是恰恰相反。

一旦用官僚主義思考，才是不合理、徒勞無功的，將官僚主義思想視為不合理、反功利的，對群眾共同體的國家而言，才是合理思想，這種合理思想即是墨子的合理主義及功利主義。

舉例來說，墨子為提升國力要使人口增加，於是獎勵該國的國民儘早自主獨立，提倡男子二十歲前、女子十五歲前要安家（結婚從原生家庭獨立的意思）。

他引用過去聖王法治化的國家基礎概念，講述其有效性。這要是從官僚式思想的合理主義來看，比起人口計畫反而先去相信獨立心這種無形的東西，應該是不會被認同為合理的想法吧？

但墨子卻說：「因爲過往爲萬民帶來利益的偉大先人是麼做的，若能遵從此法，國家就能安定。」

從單純的觀點來看，這是墨子主張單純回歸原點的證據。

「節葬」厚葬久喪不合理。葬禮宜減省，發自內心悼念死者爲佳。

本書序文、前章當中都已提及，因此在此省略詳述，墨子的論述中強烈批判儒家的禮儀主義。在儒家思想的厚葬久喪，按照與死者的關係將服喪期間分成五個等級。

父母去世的話需服喪三年，祖父母或妻子去世的話是一年，表兄弟、堂兄弟的話是九個月，曾祖父母或兄弟的妻子是五個月，親戚則是三個月，對各自從屬的關係長期服喪，是孝子的責任。

身份地位崇高的人，其葬禮中棺木要有內、外兩層，除了裝飾以金銀珠寶，要有高價陪葬品的同時，墓地還得要用大量的土，填成一座丘陵般，抵達墓地的道路也都要平整好地基。

由於身份地位高者要進行厚葬久喪，包含地位低下階層的子民也被要求要效法，貧困農家的家計因此受到壓迫，服喪期間活著的人，反而產生饑寒交迫的痛苦矛盾。

厚葬久喪不單只是葬禮，就連服喪期間的生活態度也必須遵守不合理的禮儀，例如，服喪期間不能睡在寢具上，被要求必須要以土爲枕入睡，爲表達追悼死者的心意；在寒冬中也必須穿著薄薄的衣著，飲食也必須極力控制減省。過著像這樣的生活好幾個月，甚至是持續三年，造成貧困農家的勞動力更加下降，不只是死者，活著的遺族也別無選擇過著像是民不聊生的生活。此外，諸侯的葬禮是要花費公帑的，因此原本要用來提升國民生活和以國家繁榮爲目的的國政經費又會被削減。

「**儒家的厚葬久喪，也就是把財寶和死者一起埋起來，遺留下來的人又禁止他們勞動，這樣的風俗習慣，長此以往，國家要如何富強？簡直就像是禁止耕作卻又要求有收穫一樣！**」墨子如此批判儒家思想的不合理與不切實際。

「若儒家的厚葬久喪如此惡劣，那麼爲何君王們不加以廢止呢？」

當墨子被問到這個問題，是這樣回答的：「社會常識未必是正確的。」

墨子以歷史上實際存在過的慣例說明。

「相傳曾有某國家族中的長男一出生就應誅殺，供家族食用，如此一來之後的孩子就可以變得幸福。

另外當祖父去世時，因爲與死者的妻子一同生活很晦氣，因此要把祖母丟進山裡。

這些後世看來毫無道理的行爲，在當時社會無人懷疑也未被批判。所謂的社會常識難道就是正確的嗎？

因此現在的君王們仿效厚葬久喪的儒家思想，要說這是好的嗎？我認爲未必正確。」

墨子之所以傑出，是因爲當他在批判儒家的不合理性時，時常將合理思想具體化，提出他所主張的修改內容，這不只是思想，也是用行動賦予初始的價值，是墨子思想的精華。

墨子將理念當中的「節葬」，具體制訂下葬方式以及服喪如何進行等細節。

概要如下：

「棺木三寸厚，足以讓遺體腐爛就行；

衣衾三件，足以掩蓋可怕的屍形就行。

及至下葬，下面不掘到泉水深處，上面不使腐臭散發，墓地不用填土如丘，只要讓人足以辨認那是墓地即可。

追悼死者理所當然，但之後應從事衣食之財（勞動生活），不斷絕祭祀（燒香及掃墓），就是盡孝。」

墨子提出這樣的葬儀本質才符合天意和民意，主張改善儒家的虛僞。

「天志」　猛烈批判爲政者的目光短淺

「子墨子言曰，今天下之士君子，知小形不知大」

「墨子曾說，天下的士君子（士和君子：有學問的人、知識份子，引申指為政者之意），只知小道理卻不知大道理。」

從右一節開始的「天志」，講述的是從小處判斷被認為是理所當然的事，為什麼卻在大局的判斷上卻是無效？這是因為主政者的目光短淺。

「如果一個人得罪了家族中的族長（一族之首），他還可逃到鄰居家裡躲避。然而與他同族的其他人，都會因此而相互警惕起來，說要是有誰被族長盯上了，我們一家都會被捲入，所以要注意不要被盯上啊……。

即使國家也是一樣，如果國民被官員盯上了可就完了，所以會彼此警惕千萬不要被盯上。

然而治理國家的君王們，卻不會互相警惕，若是知道上天的意志，天下的君王之間不就應該懂得彼此警惕，千萬不要被上天究責，自己得要在政治上謹慎。

這就是我何以知道天下的士君子只知小道理卻不知大道理的原因。」

墨子說明上天的意志，就是喜好「義」，憎惡「不義」，強調「義」的重要。

墨子的結論是，天下因爲義而健在並穩定，不義之國會被毀滅，因此秉持著以義立國這是上天的意志。而墨子也認爲義的教導是要從上位者開始起身帶頭，從上而下知義、並實踐義。

要是一國貫徹義的話，就會向天子，再從天子向諸侯，從諸侯再向將軍，將軍向大夫，從大夫向士，士向庶民……必須如此傳達義。

因此一國之君，要知道自己之上還有上天的意志，若對天不宣誓於「義」，就無法教導下面的人義。要是不這麼做的話，國家將走向滅亡。

墨子說的這個意思也就是，人生在世，其實是被「上天的意志、天意」所管理，但卻從未聽聞上天是爲了自己管理人世。

在上位者顧及在下子民的幸福，社會就會穩定，強者爲了協助弱者就會更強。墨子稱這樣順從天意的政治叫做「**義政**」，違反天意的政治則定義爲「力政」。將超越人類智慧存在的天，視爲是現實社會的基礎，強調義的政治的重要性之辯論是「**天志**」也。

「明鬼」當權者知悉有超越一己之力的天地靈力，自己應戒慎恐懼

提倡鬼神存在於現實中，這在理解墨子思想的合理性、實際理論性上，是重要且饒富趣味的論點。

所謂的鬼神，指的是死後的世界和靈魂、天地神靈等超越人類意志的存在。「明鬼」也就是明白鬼神存在的意思。但墨子並非提倡超自然現象的鬼神之說。

墨子從科學的角度敘述，過往的聖王們之所以得以保全義政，是因爲相信鬼神的存在，若能遵從其訓示，自然而然就能實現天下之利，也就是從先人的遺訓中想要找到公理。

從這個觀點來看，墨子之所以仇視儒家思想，是因爲在儒家思想教育下的國政和國民生活都是極其悲慘的，無法平定亂世。

若是站在墨子的合理思想上，要是儒家思想下的天下百姓們都能過得幸福的話，墨子還去批評儒家思想就是沒有道理。「**明鬼**」的理論基礎，用現在的話來說，就是類似商用書籍類、「**向成功者學習**」這樣的概念。

包含政治或經濟在內的人類行爲，唯有時常認同有超越人類的神靈存在，才能朝好的方向發展。要是人類的行爲是世界的全部，當權者之上就會沒有究明其錯誤的存在。無論是當權者或是庶民，從鬼神的角度來看人類都是一樣的，因此藉由超越人的智慧而去思考「被救贖」這件事，將會引導自己和人類社會走向幸福。

在現在由金錢支配的世界中，大家普遍不相信鬼神的存在，只要有「錢」就不會犯錯，這麼一來無論經過多少時間，也不會產生天下萬事萬物平等的想法。

「非樂」浪費國家經費在無益的音樂上百害而無一利

和「節葬」一樣前面已經敘述過概要，在此就只簡潔複習。論點和「節葬」相同，耗費無用的國家經費在音樂上，會對原本的政治機能有害，是墨子代表性的論述。

「非命」儒家主張的宿命論，產生懶散的人類。

墨子的反階級理論，在於聲討儒家從身份階級產生被固定的命運這種宿命論。

儒家思想的學者們讓執政者們接受宿命論，政治上的毫無對策、人民的貧困這全都是宿命，因此主張不是人類智慧所能觸及的。

墨子爲了打破宿命論，提出「三表」這個用來辯論的條件。

所謂的「三表」亦卽「有本之者（依據史實）」、「有原之者（依據事實關係）」、「有用之者（依據現實對應）」，用這三點爲基準去驗證，就能夠理解儒家的宿命論有多無效，這套辯證法（不是學術性的反覆累積辯證，而是以大多數的人都能夠接受的事實或推論爲前提的思考）是墨子表現的社會認知方針。

要是以這些基準來說，儒家的宿命論是不成立的。

爲什麼呢?要是農民不懈怠努力耕作，得到工作量換來的收穫就會富足，怠惰的話沒有收成，因此生活就會窮困。人的宿命論若是正確的話，一個農民無論辛勤工作或怠惰過日都會得到相同結果。

歷史上並沒有哪個國家的國民怠惰卻富足這種例子。要是有不辭辛勞努力工作卻依然一貧如洗的農民，那是因爲惡政的不當壓榨，要是一國的政治是公正沒有階級歧視的社會的話，努力得到自己應得的收穫那是再理所當然不過的。

儒家的宿命論，導致國民勞動慾望低落，正好成爲懶散的君王和人民最好的藉口。

要是以墨子思想來看，當今所謂的「**階級社會**」，就是將政治的怠忽職守和毫無對策正當化以逃避現實，成爲不義的社會。也就是說，宿命論等於階級社會論，會讓身處權力階層、享受著所有好處的既得利益者們，恰好便宜行事，因此只想著「**維持著階級社會**」，這一點只有憑藉執政者和國民的「**義**」才能改變。

人的善行、惡行全都歸咎於宿命論，因此賢者、愚人也都不存在，墨子說這樣的儒家「**是將宿命論成爲天下邪說**」，現在的日本執政者和國民也應該要正視。

「非儒」聲討儒家的僞善

將貫通墨子通篇論述、批評儒家和儒家思想的內容，按照文字再特別描述一遍，就是「**非儒**」。

墨子強烈批判儒家的僞善，如下所示：

「又曰，君子勝不逐奔，揜函弗射，施則助之胥車。

應之曰，若皆仁人也，則無說而相與。仁人以其取舍是非之理相告，無故從有故也，弗知從有知也，無辭必服，見善必遷，何故相？

若兩暴交爭，其勝者欲不逐奔，掩函弗射，施則助之胥車，雖盡能猶且不得爲君子也。意暴殘之國也，聖將爲世除害，興師誅罰，勝將因用儒術，令士卒曰毋逐奔，揜函勿射，施則助之胥車。暴亂之人也得活，天下害不除，是爲群殘父母，而深賤世也，不義莫大焉。」

以上的大意如下：

儒家又說：「君子打了勝仗不追趕逃兵，拉開弓不對敵人射箭，自己得勝的話會幫助負傷的敵車敵車。」

但如果是仁人，應該就不會發動戰爭。雙方若都是仁者，就會彼此商談，沒道理的跟有道理的走，不明事理的跟知理的走。

說不出理由的必定折服，看到善的必定依從。這樣怎麼還會相爭呢？

就算戰勝的不追趕逃敵，幫助敵國負傷士兵，但只要發動了戰爭，其實就不能算是君子了呀！

另一方面如果要壓制暴虐之國，爲天下除害，需要興師誅伐時，就需除惡務盡。儒家那種不追趕逃敵，拉弓不射，幫助負傷敵軍的作法，是讓暴亂之人得以活命，天下之害不除，這是大大地殘害父母，深深地殘害社會，是巨大的不義。

此外，墨子在本篇〈非儒〉中，點名儒家思想的始祖孔子，加以徹底批判。孔子生於紀元前五百五十一年，歿於紀元前四百七十九年，是宋國的王族，記錄孔子言行有名的儒學聖經《論語》，和墨子一樣，是在孔子死後由儒家弟子們編纂而成。

孔子，提倡儒家思想的理論依據「禮樂之治」，家族道德是謂最高的美德，推廣所謂德治主義思想，雖標榜國民之利，但其本意被認爲更以周代封建制度再生爲目的。

墨子本身，出身於孔子等人才輩出的魯國，一開始學問的啓蒙也是從學習儒學開始，但不久後他就識破儒家思想的矛盾和欺瞞，自己創建出獨自的墨家思想。

對儒家而言，墨子可以說是叛逆的師弟，但儒學的一位學生將中國思想界一分爲二、成立強烈的對立學派墨家並成長茁壯，不知儒者有誰曾預見呢？

本篇「**非儒**」中，孔子趁著戰亂的機會策劃侵略他國的戰爭，並參與謀劃刺殺他國君王，甚至連要收受資金都出現。

根據中國史的研究，有部分指出從孔子的生卒年份來看墨子的指責，時間序並不吻合，這也是自然，因爲《**論語**》的紀錄中，與墨子的主張相反，是去讚揚孔子的品德，但是懷疑孔子人格的論點，在中國史學家的研究當中也有被提出，若是從隱藏在儒家思想整體下，是爲將既得利益主義正當化的禮儀政策來看的話，就很難認爲墨子提出的論述是假的。

要是用墨子式的表達方式，如果儒家思想的始祖孔子是聖人的話，應該就不會有墨子的「**義**」，在戰亂時代受到大眾狂熱支持的機會。

「貴義」　沒有比義更珍貴的義的本質

在序文中也有引用過、接下來的這一節開始是墨子思想的最高理念，通篇貫穿墨子言論、強調「**義**」的本質，無疑是可以理解墨子精華的一回。

子墨子曰，萬事莫貴於義。
今謂人曰，予子冠履，而斷子之手足，子爲之乎？
必不爲，何故？則冠履不若手足之貴也。
又曰，予子天下而殺子之身，子爲之乎？必不爲，何故？
則天下不若身之貴也。
爭一言以相殺，是貴義於其身也。故曰，萬事莫貴於義也。」

墨子說：「萬事沒有比義更爲珍貴的了。
假設別人對你說：『給你帽子和鞋，但是要砍斷你的手、腳，你肯嗎？』
一定不肯吧！爲什麼呢？因爲帽、鞋遠不如手、腳珍貴啊！
又例如說：『給你天下，但要你拿命來抵，你會答應嗎？』
一定不肯吧！爲什麼呢？因爲天下遠不如自身性命珍貴啊！
因爭辯一句話而互相殘殺，是因爲把義看得比自身珍貴。

所以說，萬事沒有比義更珍貴的了。」

訴諸「義」，並持續實踐的墨子，對於「君子」來說是敵人，墨子的言論中反覆批判的「君子」，指的是信奉儒家思想的儒者，以及將這個當作是世間常情、間接擁護儒家思想的上流階層，或沒有批判精神、不會付諸實行的盲目大衆。墨子的時代也有很多君子邊聽聞「義」，有時卻又刻意迴避或牽制。

墨子曾有一度探訪齊國的朋友，那位朋友說，「你一個人強調義，卻無法在這世上流行，捨身取義這類行爲不是很愚蠢嗎？」墨子回答：「假設有十個小孩，卻只有一個人努力工作，那個孩子就必須連同不工作的孩子的份更努力耕作。同樣的，就算在這世上沒有知道義、並生於義的人，就只有我一個人貫徹義的精神，就因爲你對義的評價就要我停止，是很奇怪的事。」

這段軼事，放諸現代社會也是一語中的。

若是人們知道什麼正確的事，卻因爲那是少數人，就覺得「大家都接受錯

誤的事，只有我自己主張正確的事，這樣很吃虧很愚蠢」，於是就捨棄「**義**」。

明顯錯誤的多數人在眼前，要貫徹自己的正確主張，況且還是向多數人討論，要讓他們認同自己的觀點並加以改善，這樣的困難小到小學教室，大到企業的重要會議，應該所有社會共同體中的多數人，都會有一次或兩次的經驗吧。但多數人和少數人這種立場上的差異，並不像水和火的組成分子差異般，有物理性的不同。

水的性質和火的性質是無法用想法去改變的，但多數人的思想和少數人的思想，人數是有可能逆轉的。如果墨子所說的「義」，是多數人自然的行動的話，不知義、不行義的人就只能變成少數，要是含糊的大多數人，或是被總稱為大眾的庶民階層，只要每個人都去實踐義的話，那應該就能夠產生義的社會集體意識了。

若是有人對這種想法一笑置之的話，那肯定是在「義」的社會中備感不便的不義之人，或是連腦筋都不肯動一下的懶散之人。

換言之，「**多數人才是正確的**」、「**習慣的事是正確的**」、「**最高學府的學者是優秀的**」、「**經濟能力好的人是強者**」這些現代的社會一般觀念，不過是多數人製造出的一種「**流行**」、這種社會潮流中的一角罷了。不管是在怎樣的國家、哪一個時代，去分解共同體社會的組成層級，那就是每一個個人。

然後，單槍匹馬的個人可以成爲支配者的，恐怕在這個世界上一個也沒有吧！至少要數人、數百人所構成的「**統治階層**」，這樣的機構才能運作所謂的支配及權力。

只有一個義人，有可能去追究眾多的不義嗎？

墨子認爲那不但可能，而且甚至並不困難。與墨子相會的楚國大臣曾勸告墨子：「你的主張非常了不起，但你的身份低微，國君不會傾聽身份低微的你任何意見的。」

於是墨子這麼回答：

「不會的，不會那樣的。假如君王生病時，向他進言說喝了這支藥草就會康復，君王會因爲聽都沒聽過這枝草的名字就拒絕嗎？應該會因爲可以治病而喝吧。此外，沒沒無聞的農民奉上的酒和穀物，應該不會因爲這是身份低賤的農民所耕作出來的作物這個理由而拒絕他繳納年貢吧！」

墨子說「義重於命」這個說法，意即就算是一根小草也會救人命這樣的理念價值，他提倡唯有實踐才能活下去。

墨子向弟子們這麼說：「雖然在行義的道路上遍地荊棘，但不能捨棄義。不焦急、不放棄、不絕望，只要將義的理念貫徹始終。爲了實現義的道路漫長且辛苦，但讓我們爲義的眞理而生吧」。

墨子思想的最高峰「貴義」的最後，墨子這麼說。

「子墨子曰，吾言足用矣。舍言革思者，是猶舍穫而攟粟也。以其言非吾言者，是猶以卵投石也，盡天下之卵，其石猶是也，不可毀也。」

「墨子這麼說：我的主張具有實踐的價值。捨棄我的主張採取別的主義的立場，這就好比捨棄收穫而去拾別人遺留的穀穗一樣。

用別人的言論否定我的言論，這就像用雞蛋去碰石頭一樣。

用盡天下的雞蛋，石頭還是這個樣子，並不能毀壞它。」

第三章

墨子思想與孫文思想

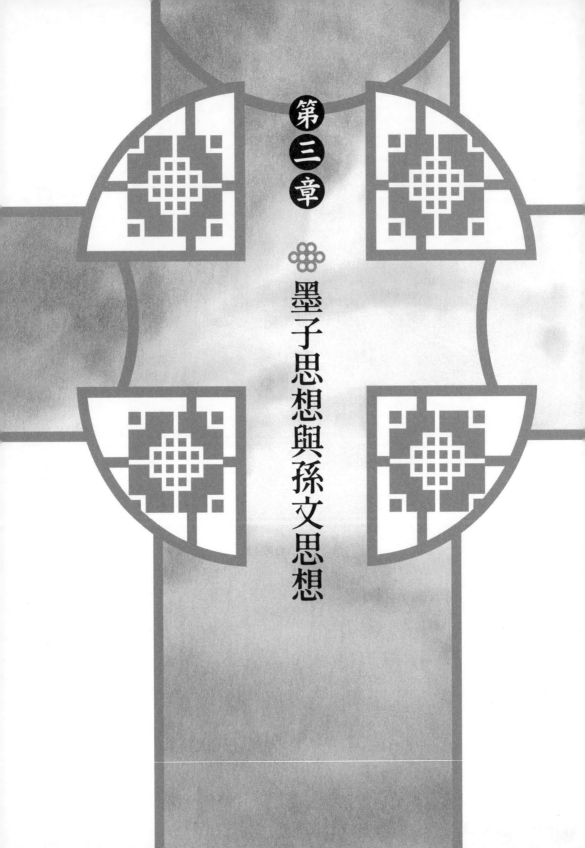

「義」與大亞洲主義

本章將敘述生於古代中國的墨子，與創建中華民國的國父——孫文的思想，兩者之間的共通點。

不過關於孫文的思想、活動，在中國不用說，國際上專業且學術性的研究成果多到不可勝數的程度，本書中並未要細數說盡，只就必要的部分敘述。

本書的目的，是要從在野的觀點，來檢視墨子與孫文，還有日本天皇彼此相連結的「義」的思想要點。因此本章不是要分析墨子和孫文各自的思想本身，而是要俯瞰兩者的共通性。

另外，下一章中會解開孫文亡命日本的過程中，使用「孫中山」這個名字的秘史，因此本章統一以「孫文」來書寫。

在此沒有要向各位讀者重新說明關於孫文的革命細節，不過，尤其在二戰之後，在日本的國民義務教育中都有學習到孫文其名，卻鮮少有國民知道孫文在亞洲歷史上的功績，以及過去與日本人是有多麼緊密的連結。

孫文在一八九五年十月廣州起義失敗後逃往日本，在那段時間，孫文與日本的志士們開始高密度的歷史性交流。一九二四年十一月二十八日，在前往北伐的途中，夫人宋慶齡陪伴他訪日，在位於神戶兵庫縣的第一神戶高等女校，受神戶商工會議所主辦之邀，以「**大亞細亞問題**」爲題進行演說。

這場演講內容，在日本一般被稱爲「**孫文的大亞洲主義**」。這場演講的隔年，孫文年僅五十九歲就因癌症客死北京。

爲實現中國革命奔走各國的孫文，尤其對亞洲強國日本，熱情呼籲亞洲的團結。

孫文主張：「**唯有完成明治維新，廢除亞洲第一個不平等條約，並在日俄戰爭中打敗大國俄國贏得勝利的日本，應該支持中國革命。中國革命就是中國的明治維新。**」

他並開始對日本政府重要人士和日本國民展開啓蒙活動。孫文在提倡大亞洲主義當時，日本正在施行排斥亞洲人的政策，像是拒絕中國勞工入境等，面對日本這樣的態度，孫文卽使是在日本的新聞報導中也加以批判。

可以說孫文面對排斥自己民族的敵對國家，隻身直搗黃龍，對日本大衆呼籲亞洲民族團結。

當年墨子勸阻楚國攻打宋國而面臨死亡威脅時，他了無懼色的說：「**想殺我嗎？就算殺了我也沒用，墨家弟子三百人已準備好守城的工具，等著你們楚國的侵略軍。**」

孫文在日本神戶舉行演講的一九二四年四月，美國通過了排日移民法，在這之前的一九一九年，法國舉辦了名爲巴黎和會的國際會議，這是第一次世界大戰的聯合國，舉行會議討論關於新的國際體制。日本在巴黎和會中提出了「**種族平等議案**」。

這在當時由於美國、加拿大、澳洲發起了排斥日本人移民或日系美國人的社會運動，爲避免日後這些國家將之法治化，日本因此提案（日本的預測正確，五年後美國果然通過排日移民法）。

對此，日本向國際社會提出，「彼此之間應對於所有外國人一視同仁，給予均等公正的待遇，不宜因種族或國籍，在法律上或事實上制訂任何差別待遇」這樣的主張。

縱使如此，美國還是將對日本人的差別待遇法制化，日本的知識份子爲此憤怒於西歐各國的霸權主義、殖民地主義，作爲逆風的「亞洲主義」論調存在感自然增加。

訴諸無關人種或國籍，停止差別待遇的日本，在那之後，卻陷入排斥亞洲人政策的迷思，這在亞洲近代史上是一個非常大的錯誤，但當時在日本強力解說亞洲民族團結的孫文，就像是在追究日本的錯誤，極力主張重新恢復「義」，而那時有許多日本聽衆，聽了孫文演講後深受感動，那是因爲孫文的思想是基於亞洲民族共有的「義」來提出主張。

順帶一提，在日本除了對歷史有興趣的人之外，不太有人知道孫文在日本有個孫子。

孫文在亡命日本的期間，在橫濱對一位名叫「**大月薰**」的女性一見鍾情，之後結婚，生了一個叫做「**富美子**」的女兒，這位富美子有一個兒子，那是出生於一九二八年（現年九十一歲）的宮川東一先生，他是「**孫文的孫子**」。宮川先生在三十歲（一九五八年）之前，一直不知道自己是「**孫文的孫子**」。

「三民主義」與墨子思想的同質性

孫文大亞洲主義的原點、同時是主要的政治理論，就是「三民主義」。

將論述歸納要點，分別是「**各民族平等與從帝國主義的壓迫中獨立（民族主義）**」、「**實現民主制（民權主義）**」、「**藉由人民的共同財源讓國民生活安定（民生主義）**」，由這三個原則組成，但這個政治理論和墨子所說、要拯救庶民重建國家的「**義**」的思想明顯同質。

王昇（一九一七年生，出身中國江西省的國防研究院、政治大學教授），在他的巨作《**孫文思想**》（一九七八年出版）中提出下列觀點。

孫文爲三民主義下了定義，並敍述「三民主義也就是救國主義」，理由是「**因爲三民主義旨在促進中國的國際地位、政治地位、以及經濟地位平等，並讓中國永存於世界**」。

墨子的「**義**」的思想，在中國古代當時，是爲實現拯救社會底層階級的農民，同時建立一個讓庶民也能容易生存的民主國家的理想而推廣，孫文的三民主義，是主張以眼前「**亞洲民族**」團結以對抗西歐的霸權主義，民族獨立，進而構築民主社會。

孫文眼中的天下萬民，絕不只限於亞洲民族。墨子生存的古代，除了無法呈現近代以後的國際社會樣貌之外，孫文生存的時代中，對中國民族、亞洲民族而言，最爲要緊的課題，是相對於西歐霸權主義，「**亞洲同質民族的團結**」。

也就是說，對墨子而言，霸權主義是中國古代國家對庶民的專制統治，而孫文時代的霸權主義，是想要控制亞洲民族的西歐意識形態。

因此孫文的三民主義，並不單純只針對中國民族和亞洲民族的思想，作爲與墨子同質的「**義**」的思想，即使面對西歐的霸權主義者，天下萬民（全人類），基於個人權利與尊嚴的所有人類，都要像個人般活著，孫文提倡這樣的共同體社會的重要性和實現性。

換言之，墨子思想和孫文思想的同質性，在於「**義**」的思想從救濟弱者擴展到救國。

墨子的時代和孫文的時代最大的不同，是在墨子的時代耗費大量時間，反權力的思想卻被淘汰，相較於此，孫文所生存、近代以後的國際化社會中，各國的政治和法律都有著瞬息萬變的變化。

在這樣的國際情勢背景下，孫文的三民主義也有部分論述一邊改變一邊提倡，但貫徹始終的，是要解放被霸權主義控制的人們、救濟弱者、萬民平等，目標要創造一個能讓人在公正中生存的社會，這是「**義**」的精神。

墨子的思想是舉出當時因爲國家權力無視民意的惡政爲例，提倡人類原本應該有的生存方式就是「**義**」的思想，無論在哪個時代、哪個國家社會，都應該要擁有兼容性的「**人類共有思想**」。

以三民主義爲代表的孫文思想，也和墨子思想同質，並不侷限於是中國國內問題而革命，因此日本的亞洲主義者贊同孫文的中國革命，不惜提供精神和物質上的支援。

前述一九二四年在神戶的「大亞洲主義演講」當中，孫文說了下面這番話：

「共有亞洲固有文化的亞洲民族，應以仁義道德團結，對抗控制世界的西歐文明殖民地主義，實現平等的國際社會。」

「大亞洲問題，也就是文化的問題，以仁義道德為中心，圖謀亞洲文明復興，以這個文明的力量對抗西方以霸道為中心的文化。大亞洲問題就是我們以東洋文化的力量對抗西洋文化，對西洋文化產生感化力的問題。」

這件事至關重要。

乍看之下或許會認爲：「孫文將東洋和西洋文化當作是不同的東西，他主張亞洲就在亞洲團結，這不就不是人類共有思想嗎？」

但這個分析是不對的，爲什麼呢?因爲孫文指出的「**東洋文化**」本身，是預先擁有容易接受民族和文化差異的特性，舉例來說，這就像是西洋醫學基本的對症療法，就是爲減輕疾病症狀出現的疼痛，用投藥或手術這類物理性的處理療法。

但對症療法卻無法針對表面上表現出來的症狀，進行根本原因的治療。另一方面，使用指壓、針灸等中醫醫學的經穴，卻不是只敷衍了事地減輕局部症狀，而是調整身體整體平衡，改善疾病根本的原因。

理所當然的，不管東方人或西方人，一樣都是「**人類**」，因此經穴一說對西方人也是有效果的，也就是說，不管怎麼想，東洋文化從一開始就比西洋文化更適合人類共有的道理法則。在這個意義上，孫文以文化問題訴諸亞洲民族團結思想的背景，是相對於破壞人類共有文化的西歐霸權主義，這個文化上的東洋文化。

這一點在看孫文理論的本質上是非常重要的。現在的國際社會中，會看到很多個人與國家權力的對立，或是民族間的紛爭，都會被自動歸類爲是某個國家的內政問題，或是有爭端的兩國之間外交上的問題，相對於這種看法，墨子和孫文的革命思想，並不是站在單純的一國或產生紛爭的國家間的觀點，而是想要阻止所有人類社會中都有可能會發生（或現實中正在發生）、因爲權力結構造成的扼殺人性這件事。

無論是墨子思想或孫文思想，可以說是從當時的政治社會背景下產生，即使對於那些在政治社會產生變化下所誕出生新世代的社會和個人，也是堅持說服的力量。硬要說的話可以想成，如果把墨子和孫文所主張的思想，翻譯成任何國家的語言，作爲人類應該沒有不能理解的民族。

假設歸屬於西歐霸權主義（如同現在美國的保守派）的人，去學習墨子和孫文的思想，就算他們從政治的理解無法接受這些思想，但如果是以一個人類的立場，應該就能理解這些見解。畢竟「義」的論述是非常正確的言論，無法用一國的政治理論等駁斥。那就是「義」這個思想作爲人類的集體潛意識存在感的眞理。

「義」的語言威力

還有一點，可以思考關於墨子與孫文共通的重要要點。那就是兩者都是將思想用自己的「**語彙**」向萬民傳達。

在現存的文獻中，墨子思想是墨家（學習墨子思想的弟子們）在後期以文字記述下來的，而孫文一開始就有計畫，打算把自己的政治思想寫成連續創作的書出版，而開始他的言論活動。

不過孫文也在大眾面前用演講活動建構革命的基礎。也就是說，一方面他將理論的架構自行檢查，以文獻形式留存，另一方面孫文也深知用「**活生生的語言**」對庶民階層講述的重要性，尤其是在當時並未保障萬民有平等受教機會的中國，要是只向大眾呼籲「**讀這本書**」的話，是絕對無法達成革命的崛起。

孫文藉由用自己的語言表達熱烈的講述，大眾於是了解他的思想不是「**學問**」，而是守護人權、提升生活、現實的方法論，因而產生共鳴。

指導者的語錄在事後被以系統性的整理成文書，像是釋迦牟尼佛的言論寫成佛教經典，或是伊斯蘭教、猶太教、基督教的聖經也一樣，但這些以宗教原理寫成的書籍，和墨子與孫文留下的口說語錄有著決定性的差異。

那就是作爲宗教經點的文書，有時會無視於現實狀況，只以「信仰」爲基礎論述，相較於此，墨子和孫文都是根據現實主義來論述思想這一點。

如同前章所述，墨子的言論是在闡述思想的同時，以實踐社會結構改革爲前提，極爲具體敍述說當作政治替代方案的內容，是合理且實用的。不用說，孫文的思想是以中國革命爲目的的言論，在現實社會中更是別具意義。

墨子和孫文都不是單單理論的指導者，他們都舉兵。

實踐理論，也就意味著用行動達到改革社會的目標，在這一點上兩者是共通的，這就是「義」的思想原理。

具體來說，只是提倡「救濟弱者」的人是沒有「義」，只了解學術上「義」的概念的人是沒有「義」的。相反的，不知道「義」這個詞彙和思想，但實際上卻在日常生活中自然而然幫助弱小的人們，就是生於「義」。

所謂的「義」，不是拿來崇拜的，不是要拿去拜託誰的，而是賭上自己生命，藉由實際行動開始產生的價値。因此墨子和孫文都是拼上自己的命，以

「**義**」的精神爲基礎，謀求社會革命。而就因爲是賭上命的論述，因此墨子和孫文的論述，可以視爲是存在著可以改變人的「言語力量」，而這不僅侷限在社會改革上。

當一般家庭家人之間的羈絆看似要毀滅時，當公司員工賭上公司興衰想要贏得工作時，當人們從拼了命的思想說出言論時，就會產生超越理論和智慧的「**語言力量**」，換言之，會產生類似人類共通擁有的集體潛意識般的波動。當然，錯誤的「**言語力量**」，也會導致歷史的悲劇。

德國納粹的希特勒就是其中一例。希特勒的演說讓國民狂熱，他的「**言語力量**」是在說印歐系民族（德意志民族）是世界上最優秀的，他是信奉優生學的狂人。

而另一方面，「**義**」這個思想，並非是將一個民族或一個國家的優越性正當化這樣膚淺的內容。孫文的大亞洲主義思想，也是如前所述，因爲當時國際政治情勢的背景，而去論述亞洲民族團結的重要性，但並未因此強調要毀滅亞洲以外的民族。

這是歷史上廣爲人知的史實，孫文從十二歲到十七歲這段期間移居哥哥所在的夏威夷王國（現在的檀香山），在那裡他深深爲西洋思想傾心，多愁善感的十多歲年紀，吸收了以基督教爲代表的西方文明和思想的孫文，卻在之後對抗西歐霸權主義的不義，這個思想上的改變，無寧可以說是「**正確的路線**」。

基督教是基本的教條主義和觀念。

簡而言之，教會決定的規則就是絕對的，爲救濟人們的教條也是寫在《聖經》中，寫著誰也無法證實是眞是假的故事，是非現實的。至少在孫文生存時代的世界，不可能有什麼爲拯救希伯來人，用鮮血代替尼羅河的水，或是用手杖一揮就把大海分成兩半的摩西（舊約聖經〈出埃及記〉）這種虛構的存在，而是用合理的、政治的判斷就能簡單理解的。

在此筆者並非否定宗教和信仰（筆者本身就是出生在東京的佛教寺院），但所謂「**信我者得永生**」這種宗教，相反來說就是在說「**逆我者亡**」一樣的意思。卽使是在現在的國際社會中，就如同因爲宗教對立產生的戰爭依然持續般，信仰將人們拘禁在一個價値觀裡。墨子的「**義**」並非信仰，甚至不是價値觀。

爲了創造有利於天下萬民（全人類）的和平國際社會，他提出合理且具體的方法論以及想法。據說孫文是從一八八三年到一八八五年的中法戰爭（滿清王朝和法國的戰爭）時代，讓政治意識覺醒，但對於學習從教條式的宗教誕生的西洋思想的孫文而言，不是已經反映出觀念上的信仰與現實社會之間的背離和矛盾嗎？簡而言之，是「**學習的思想與現實不同**」吧！十多歲的孫文曾傾心的西洋宗教，至少與和平主義是有矛盾的。

摩西的十誡當中，有一條有名的誡律是「**不可殺人**」，但相反的西歐霸權主義，卻是以「**爲了祈願和平之神，戰爭也是實現和平社會的手段**」這種解釋來肯定殺人的行爲；

不只如此，同樣基督教中，也持續天主教和新教的戰爭。孫文感受到信仰和現實的矛盾，開始懷抱政治思想，這一切並沒有什麼奇怪。

事實上美國的神學家喬治・林貝克在世界知名的著書《**教義的本質**》（一九八四年）當中，就有以下敘述。

「**基督教在大部分的情況下，普遍是和平主義的，但有時，**「**愛**」**也不是基督教規則中**『**絕對必然性**』的結論。」

另一方面，墨子在「**戰爭卽不義**」的思想中是沒有條件的。

墨子的「**兼愛**」，和主張「**在有條件的前提下戰爭也是手段，是有效的**」這種說法的基督教所謂的博愛主義，是有著截然不同的嚴格性的。

這個本質上的差異，就是西洋和東洋思想文化上絕對的差異吧！

而身爲亞洲民族的孫文，他所目標的和平國際社會，是從否定有人可以代表操控戰爭權力性的存在開始的。

相對於西歐的霸權主義、殖民地主義，主張要崛起的孫文，另一方面爲了籌措革命所需經費甚至去取得美國國籍。

對於孫文這樣的經歷，有人分析說他是「**瞎子摸象**」，也有評論說他是只會說大話的人，但筆者並不這樣認爲。

墨子之所以崇拜中國古代國家「**夏**」的君王，是因爲對於自己的利益和名聲等不屑一顧，而是對扶助弱者的社會做出貢獻的「**義**」的精神。

就筆者所知道的，目前並無文獻有記錄孫文曾具體學習墨子思想，或受墨子影響，但若從「**義**」是人類集體潛意識共同擁有的論點來說的話，即使是看似「**瞎子摸象**」的舉動，但只要是爲了救助弱者，爲了實現救國的目的而去合理實踐的話，那就是對歷史評價等不值得一提的價值觀。

孫文的夢想和失望——明治維新

日本各界、各階層的人們，對於孫文的中國革命提供了莫大的革命資金和協力支援，那是因爲孫文對於扳倒幕府、樹立新政府的日本明治維新，認爲是中國革命的準則，高度評價並信奉。

一九一九年，孫文對日本朝日新聞的記者說了以下這些話：

「說起來中國國民黨就是五十年前日本的志士。日本原本是東方的一個弱國，但幸好誕生了明治維新的志士們，開始奮發圖強、成為東方梟雄，也才能從弱國變為強國。本黨的志士也希望效法日本志士的精神，想要改造中國。」

同時也是在一九一九年，如同前述，進行協議新的國際聯盟的「巴黎和會」

中，日本提案廢除種族歧視，遭到歐美多國的多數反對而被否決。

這是因爲西方的主要國家，當時正在國際間展開以種族歧視爲基礎的殖民地政策。

這場會議中贊成日本的，有日本、法國、義大利、希臘、塞爾維亞、克羅埃西亞、捷克斯拉夫、葡萄牙，還有中國。

回顧這樣的時代背景，孫文高度評價日本先進的政治思想，向日本呼籲支援自己的中國革命，也被認爲是當然的行徑，但實際上，孫文對明治維新以後的日本，卻是持批判的態度。

而即使是現在的日本，對於促成亞洲第一個成功近代化革命的明治維新，也未必全然是正面的評價，原因是從西歐殖民地主義中守護日本的明治維新，很諷刺的是在之後，日本自己卻展開了帝國主義式的殖民地政策，奪取以中國爲代表的亞洲各國領土。

此外，由於明治維新讓日本國內生產力跳躍式的躍進，也讓資本的力量開始影響百姓的生活。當今日本社會極其嚴重的階級差異之所以蔓延，追溯源頭，可以說是從一百五十年前「近代革命」的明治維新開啓的。

孫文將明治維新視爲是中國民族革命的基礎，給予高度評價，但卻對之後日本政治態度多所批評。孫文寫給對他革命的支援者、也是日本政治家的「犬養毅」書信中，下面的文字非常有名：

「原本日本的維新是中國革命的原因，中國革命實則是日本維新的結果，兩者本為一體，促成東亞復興。」（一九二三年十一月十六日）

這一段被看作是孫文稱讚日本達成明治維新的內容，在日本也時常被提出來，但之後孫文接著寫的文章，日本就不太介紹了。

孫文繼前段書信後，又繼續寫下以下內容給犬養先生：

「中國革命一旦展開，日本應頃全國之力援助中國，藉由拯救中國也是拯

救了自己。然而日本對於中國革命，長達十二年的時間，卻全都是展現出反對的行動，反對一失敗，就假裝中立，好掩飾自己的立場。」

也就是說，孫文有一個夢想，希望完成近代化革命的日本，可以促成中國革命成功，中日兩國應該可以站在指導亞洲民族的立場上拉抬東洋，但這個夢想卻被日本政府背叛了。

如同前述，「**犬養毅**」是支持孫文的日本政治家。孫文從他的支援中寄予期待並信任，認爲「**日本應該會越來越支持中國革命**」，但實際上日本卻逐漸拉開距離，因此孫文才會提出忠告。

也因此在孫文去世前一年，他在神戶的「**大亞洲主義**」演講中，他不是對日本政府，而是對日本大衆發聲，強調亞洲團結的對象不是政治家，而是以學生爲代表的一般民衆。不怕被誤解，說得極端一點的話，就結果來說，也可以說是孫文對日本的明治維新過度評價了。

這一點從近代化的日本，增強國力、轉變爲帝國主義國家，攻入他國的史實中就很明確了吧。

讓日本人著迷的孫文

但是在推動革命活動期間生活在日本的孫文，對維新提出自己的希望，而明治時代許多志士們也共享了孫文遠大的夢想，不惜提供一切支援。

廣爲人知的，像是有亞洲主義的巨頭「**頭山滿**、**內田良平**、**平岡浩太郎**、**平山周**」，與孫文是刎頸之交的「**宮崎滔天**」、企業家「**松方幸次郎**（**川崎造船**、**國際汽船社長**）、**安川敬一郎**（**安川電機**、**九州製鋼創業者**）」等政治財經界的大人物，無論是對於孫文悲壯願望的中國革命提供資金面和拉人脈等政治層面上，或是日常生活中像是居處的關照，在許多面向提供援助。

其他還有擔任孫文軍事顧問的大日本帝國陸軍中將「**佐佐木到一**」（他後來成爲南京大屠殺的戰犯），他被認爲是中山裝的設計者，可見在這種文化層面上，當時日本人與孫文的交流也是很密切的。

然而明治維新的志士們之所以願意幫助孫文，最大的理由就是孫文本身的人格魅力。據說和日本的交流期間，與孫文有關的日本支援者超過千人，孫文自己也在自傳中對於許多日本人表達深刻的謝意。

在這些人當中，特別值得記錄下來的，包括一位身兼政治家、久原財閥統帥、也被稱為礦山王的「**久原房之助**」，以及創立日本第一個電影製作公司的實業家「**梅屋庄吉**」。

首先，先介紹久原和孫文相遇的情節。

某天久原在位於東京神保町的書店街漫步，巧遇亞洲主義者的龍頭頭山滿，久原和頭山原本就是盟友。

這時頭山向久原介紹起自己身邊一位個子矮小又瘦弱的年輕人。

「**久原先生，這個男子就是在中國發起革命的孫文。**」

久原看了孫文的外貌後這麼說：「**開什麼玩笑！這個小個子怎麼可能推翻清國啊！**」

頭山聽了笑著回應：「**我說久原先生，你要不要先跟他好好聊一聊呢？**」

三人於是決定前往附近的中華料理店用餐，而在席間，久原對孫文深深著迷，據說這時久原交給才剛認識的孫文寫著「**五十萬日圓**」的支票，之後也一直提供資金援助。

這是一八九七年（明治三十年）的事情了，當時的五十萬日圓換算成現在的日本貨幣，價值可能高達三千八百倍到四千倍之譜，可能有二十億日圓。孫文得到這麼龐大的資金，竟然是從第一次見面的久原手中、並且是在吃飯的餐廳裡、而且還是久原主動提議要提供的。

孫文到底是怎樣的人物，從這個小故事中就可以看到他擁有著讓人著迷、不可思議的魅力。

還有另一位，是從財政層面支持孫文的實業家「梅屋庄吉」，他提供的資金位數更驚人！有一說推測梅屋提供給孫文的革命資金，以現在的幣值來看有兩兆日圓，另有一說是達到三兆日圓甚至更高。

梅屋和孫文結識的經過和其他人完全不同，因爲他既不在頭山等人組成的亞洲主義集團內，也和財經政治圈的犬養、久原、或大陸浪人宮崎滔天以及平山周等人團體都無任何關係。

梅屋出生在長崎縣貿易商之家，十四歲時就搭乘自家的船偷渡到上海，梅屋在上海做苦力爲生，因此深知歐美人給予中國勞工的屈辱待遇，親眼看到中國人的貧困和國際社會的殘酷羞辱，他深感西歐霸權主義的不義。

不久後梅屋在新加坡學習照相技術，而後在香港開相館。常出入相館的英國醫師康德黎 (Mr. James Cantlie) 博士，介紹當時二十九歲的孫文和二十七歲的梅屋見面。

康德黎博士是孫文在香港西醫書院學醫時的恩師，而對孫文而言，梅屋是他第一個認識的日本人。要靠革命救中國的孫文，遇上了在上海眼見到自己的中國勞工朋友受西歐人虐待的梅屋，兩人一拍卽合，一夜之間肝膽相照，梅屋與孫文立下盟約，他說「**你去擧兵，我來籌措財源支援你**」，自此援助孫文巨額資金始終不悔。

也由於梅屋和孫文的關係，導致梅屋受到清朝政府的追緝，只好再次逃到新加坡去。

梅屋因此知道了當時才剛發明不久的新興產業——電影事業，將之帶到日本，富甲一方。他爲了無法出現在革命現場的孫文，在一九一一年十月，將攝影團隊送入中國湖北省武漢市的武昌，拍攝兵變（武昌起義）揭開辛亥革命序幕的現場，以士兵爲中心拍攝電影在日本放映。

隔年，一九一二年一月一日，中華民國在南京誕生，孫文成爲中華民國臨時大總統。然而一九一二年二月十二日，以滿清最後一個皇帝、宣統皇帝退位爲條件，孫文將大總統的寶座讓給袁世凱後，袁世凱擔心孫文在國民黨內會擁有最大勢力，因此採行獨裁政治鎮壓孫文等人（第二革命）。

孫文再度亡命日本，梅屋讓孫文住在東京新宿他自己的豪宅中。

不久後，孫文的秘書也來到，二十一歲的宋慶齡和當時四十七歲的孫文會牽上線，也是因爲梅屋的妻子Toku。

Toku和梅屋同樣是長崎出身，她生於一個名爲香椎家、血統純正的武術之家，從年輕時就學習英語，能夠流暢地用英語對話，因此聽出從美國留學歸國、英語精湛的宋慶齡對孫文的尊敬和愛意。

孫文和宋慶齡的婚禮是在梅屋自宅舉行，這也是相當有名的一段歷史佳話。

這樣的孫文，並不單單只是從日本的有志之士那裡得到資金，也與他們建立了如同家人般的關係。

日本這等實業家們回應了孫文的意志投注資金，會不會是因爲想從中國革命中取得商機，因此日本人與孫文有著密約？或許有人會有著這種低俗的臆測，但完全沒有這樣的情事。

要是單純就財政面來說，並沒有人因爲給予孫文巨額資金而「**賺飽飽**」。孫文和日本志士們在意識之外，就是一個「**義**」字一言以蔽之。

孫文的存在感和人格魅力，會如同下一章所述，連天皇家也被吸引而產生連結。政治社會評論中對於孫文的評價有諸多論述，但能在日本掀起如此巨大的足跡，以近代中國人來說，除了「**孫文**」之外，無人能出其右。

第四章

孫中山的誕生

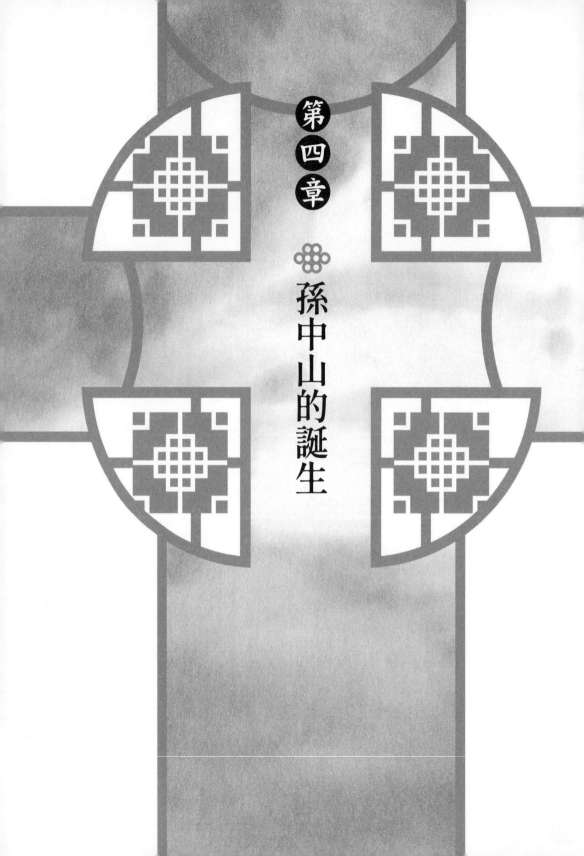

天皇的存在

在開頭曾說過，本書的目的是在論述墨子和中華民國的國父「**孫中山思想**」之間的關連，而孫中山，與日本第一一九代光格天皇（在位時間一七七九年至一八一七年／生歿一七七一年至一八四〇年）子孫的血脈有著隱密的連結，才會有孫中山的出現，這個事實在歷史上恐怕是第一次被公開指出。

本章就核心部分敍述。

在此之前，首先要針對日本「**天皇**」進行說明。

所謂的日本天皇，按照日本憲法第一條「**天皇是日本國的象徵，是日本國民整體的象徵。**」是如此被規範的個人。也就是說，天皇不是皇帝或國王，在國際社會中統一用英語「**Emperor of Japan**」（日本的皇帝）來稱呼。

爲什麼會要這樣叫，因爲日本的天皇和天皇制，是他國沒有的特殊存在，要如何向國際說明非常困難，也沒有其他相符的表達方式。

世界上的國家，大體可以區分爲「**君主制**」和「**共和制**」兩種。

「**君主制**」是制定皇帝或國王等採世襲（血統），位居國政頂點的「國家元首（Head of State）」的國家。

「**共和制**」則是並非以血統成立的君主制國家，而是由人民選舉決定國家元首。

在中國的國家元首是國家主席，日本是總理大臣，而美國則是總統。

但是日本的天皇並不像國家元首具有對內閣或法律的任命權，實際上也不具有政治功能，因此不是君主也不是國家元首。

更正確來說，日本憲法之下，原本就沒有規定國家元首的這條法律，因此天皇是否是君主這個問題，長年間在學者之間爭論不休。

但在現在的日本，就連憲法學者也提出「**去議論天皇是否是國家元首，這個問題本身沒有任何實際利益**」的論述，天皇因爲實際上不位處政治機能的頂點，因此不是國家元首，而是「**象徵（Symbol）**」的存在。

用別的表現方式來看，日本天皇是日本國民的象徵，可以說是所有國民的「**精神上的家長**」，此外，也可以用不具政治功能，卻是在民俗文化層面繼承日本與國家祭祀的「**祭司**」這種方式來表現。

二戰前被認定是日本自古以來天照大神的後裔族系，二戰後則成爲「**日本國民全體的象徵**」的天皇，並不具有一般民衆會有的「**姓氏**」，因爲從神話時代血統上就未被設定是特定哪一族，是日本整體的象徵。

像這樣，日本透過世界上唯一擁有天皇制這種特殊存在的社會制度，基本上讓全體國民宛如是同一家族般具有精神上的意義。原本日本也存在著多樣化的政治思想，雖然是少數，但即使有否定天皇的國民，也可以共享天皇制。

例如日本的社會制度中，有所謂國民的「**本籍地**」，那是在公文書中記錄下與自己現在居住地不同、「**原本是從哪裡來的？**」這樣的出身地。以現在的中國來說，那叫做「**戶口名簿**（**居民戶口簿**）」。

在日本，任何人都可以將「**本籍地**」登記成天皇居住地的「**皇居**」。正確來說，是在日本，要是在日本領土內不動產登記上有確實擁有的地址的話，不僅限於皇居，國民想把自己的「**本籍地**」登記在哪裡都沒關係。

與記載國民居住地的文書「住民票」不同，如果不確實登記自己實際居住地的話就屬於違法行爲，因此可以說日本的「**本籍地**」只是社會制度上的一種記載形式，對國民的權利和生活完全不會產生任何影響。

日本也會有地區歧視這種想法，即使到了現在，「**某個地區的家族以前是社會底層，因此不要選這種對象結婚**」等說法就是一種現實。

不過實際上因爲「**本籍地**」可以隨國民意願變更到自己喜歡的地點，因此想從「**本籍地**」判斷某個人的出身也變得困難。由於簡單就能變更「**本籍地**」，讓部分知道這一點的日本國民，選擇將自己的本籍地登記在和自己的出生地完全無關的有趣地點。

大多數國民就常識上來說，自己出生、被稱作「**老家**」的家就是「**本籍地**」，但其中卻有不少人把自己的「**本籍地**」登記爲「**東京迪士尼樂園**」、「**富士山**」、「**東京鐵塔**」、和「**首相官邸**」。

這麼看來，日本會被外國稱作是「**不可思議的國家**」也不是沒有道理。

現在日本按照自己的興趣變更「**本籍地**」的人們當中，最受歡迎的地址，是天皇居住的皇居地址「**東京都千代田區一丁目一番**」。

把皇居登記爲「本籍地」的國民，全國約有兩千人以上，當然，國民無法自由進出皇居，但象徵日本國民的天皇住所，只要是日本人，不管是誰都能當作是「**本籍地**」。

這個開場白有點長，但關於天皇象徵日本全體國民這個在憲法上的規定，反映出這樣的社會制度上的程序。

在這個意義上，中國革命家孫文與繼承天皇家尊貴血脈的「**京中山家**」的戶長有特別關係的這個事實，甚至可以說是生在中國漢族的孫文，對所有日本人而言都同樣是家人。

天皇與「義」

日本憲法中，除制定日本天皇是國家與國民的象徵以外，天皇家並沒有特定的宗教信仰。

皇居當中有「宮中三殿」，從古至今都祭祀著日本的神靈，宮中雖然祭祀著依循日本自古以來的「神道」傳統。但至少天皇本身和宮內廳並沒有明白表示過天皇家的宗教信仰。

另一方面，日本知名的宗教學者島田裕巳分析，前往戰爭受災地或災害受災地進行「慰靈之旅」的平成天皇明仁和香淳皇后，他們的舉動不正是基於被稱做「菩薩行」的佛教信仰嗎？那麼被認爲是「菩薩行」的天皇言行又是從哪裡來的呢？

筆者相信也是「義」的思想。

二戰中昭和天皇裕仁被稱爲「大元帥」，擁有日本軍隊最高的指揮權。

（註：戰前制度上的僞裝，軍事的實權掌握在軍隊手上，昭和天皇雖努力避免戰爭，但仍因軍隊的獨斷導致戰爭。有一說是昭和天皇若更介入阻止戰爭的話，軍隊當中就會醞釀「暗殺天皇」的趨勢。）

關於昭和天皇的戰爭責任，在國際上以非常多的論述，要解說這個問題需要幾十本書，因此本書在此不討論，但以結果來說，戰後佔領日本的美國，並未廢除天皇制，而是提出「**藉由天皇制整合日本國民，讓間接統治的美國得利**」。

但日本的統治者將天皇制放在自己之上，並不是從一九四五年開始第一次發生。

日本戰國時代的織田信長、江戶時代的德川家康作爲「**天下人**」統治日本，但卻沒有毀滅朝廷（天皇）。

在揭開日本近代化序幕的明治維新時代也一樣，西鄉隆盛等人的攘夷派也是將明治天皇御賜的錦旗當作軍旗的圖案，打倒江戶幕府。

從這樣的歷史來看日本的天皇和天皇制，也有認爲這是權威象徵的論點。有戰國武將、麥克阿瑟將軍都將天皇的權威利用在政治上的說法。

沒有發行通貨的權力以及武力這種實質控制力的天皇，將自己置身於權威的象徵，統治者利用這個結構，創造出可說是互相扶持的關係，也有人評論這並沒有必要。

這一點放在現在的日本政府上也說得過去，但實際上天皇擁有統治全國的權限，只存在於神話時代中的歷史。然而天皇當眞是作爲爲統治日本國民的裝置而存在嗎?筆者不這麼認爲。

即使是現在的日本，多數國民對於天皇的認知，是認爲天皇是一種象徵或爲實行權力上的間接統治而存在的制度，在這之前，天皇被認知是作爲國民情感上「**想要珍惜的人**」。

一九四五年日本戰敗時，皇居也因爲部分區域遭到空襲燒毀而荒廢，當時宮城縣的有志者們提出「**請容許我們善後**」的志工活動得到允許，開始之後演變成現在依舊持續的「**皇居勤勞奉仕**」，這是爲皇居進行除草等志工活動。

這個在皇居的志工活動非常受歡迎，幾乎是要排隊申請，完成活動後天皇會親自對志工團的人道謝，出席叫做「**御會釋**」的場合，雖然只有志工團的團長可以直接和天皇交談，但排在團長之後的志工當中，有很多人光是看到天皇就會流淚。

從這一點來看，對日本國民而言，天皇和天皇制本身，並不是那麼簡單的存在，不能用政治社會論當中權威象徵的說法一概而論。

當然，國民都知道天皇也是會生病的「人類」，不認爲天皇是神。

在某種意義上，許多國民都知道天皇是「**全日本最沒有自由的人**」，但日本國民也都認知天皇是特別的存在。

筆者認爲這個根源就是來自於「**義**」。

墨子思想的「**義**」，與人類的集體潛意識一樣，與社會制度上的效能基準無關，天皇不就是日本國民的「**義**」嗎？

對日本國民而言，天皇的存在感與英國人民對於伊麗莎白女王的情感應該是完全不一樣的性質。這個差異就在於孫文所提到的西洋文化與東洋文化的差異吧！

敗戰之後，對於不知道今天的食物在哪裡的當時日本來說，將遭到空襲的皇居整理乾淨這種志工活動，就是日本國民的「**義**」，是與對此表達感謝之意的天皇的「**義**」互相交流。

如此想來，孫文別名「**孫中山**」的「**中山**」兩字來自天皇血脈的「京中山」家，在中日歷史上擁有巨大的意義。

要說到天皇的「**義**」，那是二〇一六年（平成二十八年）八月八日，當時的明仁天皇（現在爲明仁上皇）像國民發表了「**御言葉**」的談話，那對於日本民衆而言是極具意義的。

明仁天皇是制定一世一元制（這個制度是一位天皇活著的時候都用同一個年號，改變年號是在天皇駕崩後新的天皇即位時）之後，第一個還活著的天皇卻選擇讓位的「**生前退位**」。

同樣生前讓位的還有第一一九代的光格天皇，但從他之後睽違二百〇二年再度發生這樣的狀況。

上皇明仁在生前退位三年前，就透過日本公共電視台NHK（日本放送協會），在電視上播放事前錄製完成的「御言葉」談話，雖未明確表達生前退位的想法，但綜合媒體論調，許多國民都認爲可以解讀爲是「**天皇陛下的生前退位意願**」。

全文介紹如下：

「戰後七十年這個重要時節已經過去，兩年後，就要迎來平成三十年了。我已年過八十，在體力等各方面也感到種種侷限。最近幾年，回首作為天皇的自身足跡時，也開始思考關於將來自己的公務與相關責任。

日本社會的高齡化如今日益嚴重，連天皇都年事已高，究竟應該怎麼樣才是理想的狀態？站在天皇的立場，不應觸及現行的皇室制度，不過我今天想談談，我個人至今為止所思考之事。

自從我即位天皇以來，在履行國事行為的同時，每天都在摸索在日本國憲法下、被定位為象徵的天皇的理想狀態。作為傳統的繼承者，我深深感到守護傳統的責任。處在日新月異的日本與這個世界，日本皇室要如何將傳統寓於現代、使其鮮活地融合於社會、滿足人們的期待，我至今仍不斷深思。

在此過程中，我兩次接受外科手術，加上因為年事已高、感到體力衰退。此後我開始思考：今後若不能像以往那樣履行繁重公務，我該如何安置自己，對國家、對國民，以及對我身後的皇族而言，才是適當的方式。我已過了八十歲，儘管尚幸健康，但考慮到身體逐漸衰弱，我仍擔憂難像過去那樣，全心全意地完成象徵天皇的公務。

我在天皇之位將近二十八年，在這段時間裡，我與國民共同度過了我國的歡喜與悲傷。作為天皇，我一直認為應將祈願國民的安寧幸福放在公務首位，有時陪在人們的身旁，傾聽他們的聲音、體察他們的心情，這也十分重要。天皇為了扮演國民統合的象徵這一角色，對於國民就天皇的象徵立場謀求理解之外，也要深刻思考自身的應有狀態，加深對國民的理解，並且培養永遠與國民同在的內在自覺。在這一層意義上，我造訪日本各地、特別是偏遠地區及島嶼，作為天皇的象徵性行為也是很重要的。

從皇太子時代開始，我與皇后一同的旅程幾乎遍及全國，無論在什麼地方，都有熱愛當地、勤懇支撐家鄉的平凡人們。我基於此一認識，作為天皇，懷抱著對人們深深的信賴與敬愛之情，心懷國民，得以履行為國民祈願的重要公務，是一件幸福的事。關於天皇高齡化的對應之道，無限縮小國事與作為象徵天皇的行為，這似乎不太可能。天皇因未成年或病重等原因，無法發揮應有的作用時，雖然可考慮設置代行天皇職務的攝政。不過即便如此，天皇就算一直無法充分履行公務，直到生命終結為止，其作為天皇的身份始終不會改變。

過去也曾發生過，當天皇健康嚴重不佳時，可能導致社會停滯、給國民生活也帶來各種影響。而且依照皇室慣例，天皇過世之後，連日舉行的隆重殯葬儀式持續將近兩個月之久，相關的喪葬儀式其後還會長達一年。這些喪葬儀式將與其他跟新時代相關的事項同時進行，與之相關的人們，尤其是天皇的家人們，不得不處於一種非常艱難的狀況。難道不能避免這樣的事發生嗎？此一想法也不時縈繞於心。

正如我一開始所說，根據憲法，天皇並沒有參與國政之權能。因此，這次在回顧我國漫長的天皇歷史的同時，我衷心祈願，今後無論何時皇室都能與國民同在、攜手共築這個國家的未來，象徵天皇的公務也永遠不會中斷、能夠穩定持續下去，我在此說明了自己的心情。

懇切地、希望能夠得到國民的理解。」

明仁天皇此番「**御言葉**」中秘而不宣的重大意涵，讀懂的日本國民很遺憾的只佔少數，不是祭祀的場合，而且是天皇透過轉播向國民做出呼籲，這是自二戰終戰之際，昭和天皇用廣播向國民宣告所謂的「**玉音放送**」以來，再次出現可以說是相當衝擊性的事態，而事實上「**玉音放送**」是在戰爭大勢已去時由天皇發出的「**敗戰宣言**」，這與明仁天皇表達極其個人化的訊息發言，是完全不一樣的。

但以「**開放的皇室**」之名，在這個媒體將皇室醜聞之類不敬的報導當作日常八卦的時代，鮮少有國民察覺由明仁天皇親自發表「**私人訊息**」這種前所未有的事件有多重大。

其實明仁天皇的「**御言葉**」談話，正是「義」的行爲具體表現。

從戰爭中到現在，由於一般民衆主要的資訊來源都是來自承攬政府資訊操作、輿論操作的大報社、電視台，因此明仁天皇、美智子皇后針對安倍晉三內閣，向國民敲響警鐘並批判安倍內閣這一點，衆多日本國民並未察覺。

本書中沒有足夠篇幅詳細介紹，但尤其自第二次安倍內閣以後，似乎要將戰後的日本改造成以往大日本大國主義般「**會發動戰爭的國家**」，想要修憲（改變戰後的日本憲法），對於這樣的安倍政權，明仁天皇和美智子皇后不時加以批判，並發表含有制約意涵的承諾訊息。事實上，前面講到的明仁天皇發表錄影訊息「**御言葉**」談話後，對此事震怒的官邸，實際上還更換當時的宮內廳長官（風岡典之）。

這是因爲「**御言葉**」談話若是讓國民接受是天皇本身對政權的批判的話，就會成爲內閣的危機，原本在「**御言葉**」播放之前，明仁天皇「**生前退位的意願**」就已經透露給媒體了，但這是從天皇方面透過 NHK 記者洩漏出來的。簡而言之，天皇家是悲壯誓願日本和世界和平的護憲派，具有天皇的存在並非要成爲政府欺騙國民的工具這樣的強烈意義。

也就是說，甘願成爲美國（西歐霸權主義）的看門犬修改和平憲法，將自衛隊變更爲「**國防軍隊**」，放任日本再次捲入戰爭災難中的安倍政權，與持續祈願國民和平和安寧的天皇家，說兩者在鬥爭也不爲過，水面下是壯烈的對立。就因爲受到政府控制的日本媒體不會告知民衆，在這樣的背景下，明仁天皇的「**御言葉**」談話格外重大。

戰前，天皇的存在受到失控的軍隊利用，正因爲如此明仁天皇如果繼續做爲遭到惡用的象徵天皇，藉由違反一世一元的傳統生前退位，不就能夠召喚起國民某種改革意識嗎！

筆者卻不這樣認爲。對天皇或許是不敬的表達方式，但前述明仁天皇的「御言葉」談話，是用革命性的手法向全體國民呼籲和平國家日本的獨立。

此外，「**御言葉**」談話中，提到天皇駕崩後「**重殯的活動連日約持續兩個月，之後相關的葬儀活動持續一整年。**」的內容，就是與墨子所說的「**節葬**」思想共通。明仁天皇提到「**尤其對遺留下來的家人，必須要將他們置於非常嚴酷的狀況下。**」，這不單只是針對皇族，而是擴及日本國民的意思。這應該是在批判國家政權因爲傳統活動的國事葬禮，擾亂民眾生活安寧的訊息。

等同於預告明仁天皇「**生前退位**」的「**御言葉**」發表後，受到衝擊的安倍政權無法無視珍惜天皇的國民輿論風潮，於是組成研究「**生前退位**」的相關人等會議，爲順利實現天皇退位，六月九日通過「**特例法**」。然而値此之際，天皇和現任政權的鴻溝卻也更爲加深。

日本的雄辯家，同時是前公安調查廳出身的評論家菅沼光弘，在〈我的天皇論〉（「月刊日本」二〇一八年一月號增刊）中，指出以下問題。

「可以看到破壞我國天皇制的 GHQ（General Headquarters，駐日盟軍總司令部），長此以往的美軍長期戰略已然趨近完成。

報導對於相關人士會議中朝僅限一代退位的方向討論：

（中間省略）每日新聞（二〇一七年，平成二十九年五月二十一日）中，

陛下提到僅限一代的話會被人認爲我任性行事，這樣不好，一定要將這件事制度化，期盼實現制度化。天皇也說道：「**我不認爲自己的意志遭到扭曲**」，對政府方針表達不滿。出現這樣的報導本身，可以說是異常的事態吧！

看到日本這樣的現狀，簡直像是孫文去世前一年，在日本舉行的「**大亞洲主義**」演講中所提到的「日本是要成爲西方霸權的鷹犬？或是成爲東方王道的干城？希望日本國民能愼重思考、做出選擇」，這段話和明仁天皇的「**御言葉**」有所重疊。

門牌「中山」之謎

小說家同時也是歷史著述家陳舜臣的著書《**孫文**（上）**武裝峰起**》（中公文庫）中，關於孫文自稱是「**孫中山**」這個名字的由來如下所述。

當時，住在東京日比谷公園附近的孫文，和宮崎滔天、以及負責口譯的陳少白，三人一起在日比谷公園散步。

【在日比谷公園散步時，看到一個氣派的宅邸掛著「中山」這個門牌，孫文看見後詢問：「中山這個姓氏在日本罕見嗎？或只是很普通的呢？」。當然他是用筆談。

「沒有喔，是很常見的姓氏，我的姓宮崎也很一般吧，這處宅邸的中山是侯爵家，但也有乞丐、扒手姓中山的」，滔天這麼寫著。

「能在這裡見到也許是某種緣分。就用這個當作我的假名好了，姓中山，名樵，這個名字是樵夫的意思，因爲我小時候想要成爲樵夫。」

陳少白將這番孫文的發言翻譯出來，在日本生活很長時間的陳少白，使用「服部次郎」這個日本名字，孫文自己選擇的中山樵，變得太過有名，因此就像孫文的別名般持續使用「孫山中」這個名字。

這段軼事非常有名，在網路上被稱爲百科全書的維基百科中也有同樣的記述。但這個場景明顯與事實相反。

從橫濱進入日本的孫文，開始住在東京約是一八九七年（明治三十年）八月左右，但日比谷公園是在六年之後的一九〇三年（明治三十六年）六月才開始暫時開園，只要看明治三十年的地圖，就會看到皇居日比谷門的東側是東京鎮台，旁邊緊鄰工兵第一方面本署，其南側是雄偉的中山宅邸，旁邊有萬里小路宅邸。孫文抵達東京當時，是不可能在日比谷公園散步的。

明治三十年八月，從橫濱搭乘火車抵達東京新橋的孫文，從那裡徒步前往銀座方向，投宿在京橋區元數寄屋橋那裡名爲「**對鶴館**」的旅館，此時的同行者是宮崎滔天和陳少白。

陳少白是從二十多歲時就成爲和孫文共同行動的「**洪門**」成員，因亡命日本，因此使用「**服部次郎**」這個名字。當時滿清政府強烈要求日本政府若是發現孫文在日本現蹤的話，要立刻驅逐出境，日本政府也理解這一點。陷入無法使用本名狀況的孫文，被旅館對鶴館的老闆要求要寫旅館登記簿，當天經過日比谷附近的「**中山宅邸**」，於是剽竊了這個姓氏，取名爲樵，就以「**中山樵**」之名登記。

這段軼事刊載在中國發行的《**孫中山與日本**》(段雲章、廣東人民出版社)、《**孫中山年譜長編**》(陳錫祺編、中華書局),在日本前述陳舜臣的著作和《**犬養木堂傳**》(鷲尾義直編、原書房)等,也都有幾乎相同的著述。

的確,中山宅邸(中山孝麿侯爵宅邸)距離日比谷公園非常近這是事實,但如前所述,這時日比谷公園還未開園,對於現存當時孫文「**住在日比谷公園附近**」的記錄,感覺不太協調。

孫文一開始在東京的居所,是在半藏門附近平川天滿宮的旁邊,土地編號是「**麴町區平河町五丁目三十番地**」。然而在這附近就是滿清大使館,被滿清政府追緝的孫文不可能安身立命。

不久之後經犬養毅的斡旋,孫文搬到早稻田鶴卷町。

話題先回到剛抵達新橋的孫文。

根據軼事的說法,抵達新橋停車場的孫文一行人步行三十分鐘到京橋的旅館「**對鶴館**」,但途中到日比谷公園散步這個路徑,由熟知東京的人來看明顯奇怪，因爲京橋旅館和日比谷公園是相反方向。

假設孫文等人抵達新橋後步行到日比谷附近，看到「**中山侯爵宅邸**」的門牌的話，那這群被日本政府廣發通緝令的「**逃犯**」們還得不慌不忙在陸軍設施前悠閒散步。

像是孫文這等程度的人物，只因爲散步經過看到不認識的人宅邸的門牌就喜歡上這個姓氏，因爲這麼單純的理由叫自己「**中山**」這有可能嗎?當時孫文已經是有名的革命家了，孫文出生的廣東縣翠亨村因爲「**孫中山**」的名字，現在叫做「**中山市**」，中國國內像是中山公園、中山大學、中山路等以孫文的別名「**中山**」命名的地名和設施爲數衆多。

一九二五年，當時作爲蘇聯協助中國統一的證明，在莫斯科設立了「**莫斯科中山大學**」，以及一九八九年開設的中國最大南極基地也叫做「**中山基地**」，這件事足以證明當時人在東京的孫文，不可能只是一時興起取名「**中山**」。

如果是這樣，那麼「**經過看到中山宅邸的門牌取名孫中山**」這段軼事，就是故意傳開的，爲什麼呢?因爲此處正隱藏著孫文成爲「**孫中山**」的秘密。

第一一九代「光格天皇」與「京中山家」

光格天皇生於一七七一年九月二十三日（以日本年號來說是明和八年八月十五日），在位期間從一七七九年至一八一七年，是江戶時代的天皇，卽位時光格天皇僅僅九歲。

實際上光格天皇生在「宮家」，也就是天皇家的「分家」。所謂的「宮家」，是指當天皇直系子孫斷絕時，爲讓天皇後繼有人，因此從天皇血脈中分家的「宮家」中挑選出皇位繼承者的制度。

光格天皇誕生於其中一個「宮家」——「**閑院宮家**」的「**典仁親王**」第六皇子，沒有可以繼承皇位的皇子（男子）的第一一八代後桃園天皇駕崩後，被定爲是其養子的光格天皇於是卽位。

但因爲他不是出身天皇家的本家，因此年僅九歲、還是個孩子的光格天皇，據說備受宮中（皇居）的公家（侍奉天皇家的貴族階層）和幕府看輕。

擔心光格天皇，相當於前代後桃園天皇伯母的「**後櫻町院**」，向光格天皇勸學，光格天皇也接受這個建議熱心精進學問。

或許因爲這樣的經歷，後來光格天皇將原本只是形式上應付了事的日本古代朝廷禮儀重新復興，這也成爲幕末尊王攘夷（尊敬天皇，擊退外國敵人）運動的擴大、實現明治維新的起源。

由於江戶幕府持續一百六十多年的鎖國政策，光格天皇憂慮日本會被排除在世界外，擔心國家未來。光格天皇不只是被幕府掌握政權，形式上的天皇，而是想要主導國家，改革社會的天皇。光格天皇爲打倒江戶幕府，振奮許多領主和志士們的士氣。

這樣的意志由勤皇派繼承，光格天皇駕崩的二十八年後明治維新終於達成，在這個意義上，促成明治維新眞正的功臣正是光格天皇。

不過掌控朝廷的天皇竟是討伐幕府的指導者，被認爲不是高貴的天皇應有的姿態，因此被明治天皇外祖父「**中山忠能**」封印起來。現在的日本歷史觀中，「**沒有光格天皇就沒有明治維新**」這種評價是主流，而天皇家和政權對立的型態，可以說是如實反映在前述明仁天皇和安倍政權的對立上。

對於當時將明治維新視爲是中國革命範本的孫文來說，光格天皇的存在必然是非常重要的。

這位光格天皇的第六皇子「**長仁**」，經過臣籍降下（脫離皇族身份，擁有姓氏的臣下等於侍奉君主的人），成爲「**中山忠伊**」。這是「**京中山家**」的第一代，而「**京中山家**」之後成爲「**山陰神道**」的繼承者。

所謂的山陰神道，是指日本太古繩文時代其中一個神道，主要是用靈力能量鎮魂，以現在的話來說就是學習類似靈力療癒的能力，並傳出去的實踐性思想。因此與教條主義式的宗教不同，是與自然界的力量貼近生存之道。

而成爲第一代「**京中山家**」的光格天皇之子、中山忠伊的兒子，就是「皇道會」第一代會長「**中山忠英**」。

在一八九〇年設立的「**皇道會（之後的大日本皇道立教會）**」是視南朝（天皇家）爲正統，以採遵循皇道的教育爲主旨，以立久邇宮朝彥親王爲總裁，中山忠英公爲會長。當時，皇道會會長中山忠英，對於之後援助孫文的大亞洲主義泰斗「**頭山滿**」高度評價。

年輕時的頭山，相當尊崇擁有天皇家血脈的中山忠英，兩人彼此有深刻的互信關係。

頭山滿主持的「**玄洋社**」在一八八一年（明治十四年）成立，是以亞洲主義爲主要思想的政治性團體。也有人解說這是「**日本第一個右翼團體**」，但因爲是亞洲主義者因此並非狹義的日本民族主義。

頭山等人不侷限於日本，以亞洲民族文化圈的和平爲目的，活動著眼於「**支援中國革命**」、「導正援助清朝的政府（日本）對中國政策」。

頭山經由亞洲主義的大陸浪人「**宮崎滔天**」得到知己孫文，將孫文引薦「**京中山家**」的第二代、也是「**皇道會**」第一代會長中山忠英。日本皇家血脈中山忠英、亞洲主義指導者「**頭山滿**」、加上中國革命志士「**孫文**」，三人一起會面，這是被隱藏但充滿戲劇性的歷史瞬間。

頭山滿向中山忠英介紹孫文是「**擁有高度知性和榮耀，立起革命俠義旗幟的英才**」，並遊說中山忠英將高貴，且爲救國革命賭上性命、值得驕傲的家世「**京中山家**」的「**中山**」這個尊姓贈與孫文。

中山忠英也深刻理解孫文的大志，開心將自己的姓送給孫文，這就是被隱藏起來、「**孫中山**」誕生的事實。那麼爲什麼要散佈「**經過中山宅邸從門牌取名**」這樣的說法呢？

那是因為孫中山立誓，絕對不要拖累賭上性命支援並對中國革命共同奮鬥的頭山滿，以及贈與他「**中山**」姓氏的中山忠英這兩位英雄，因此對日本盟友們縝密的處理。

當時孫中山和清朝之間白熱化的戰役，也對日本造成巨大影響，潛入日本的滿清情報員，不信任既不親清也不反清、沒有明確態度的日本政府，為了掩蓋這些耳目，因此主張流出「**中山**」是從經過的門牌撿來用的姓氏這個傳言的，就是孫中山本人。

滿清崩解後，孫文贈與頭山滿《**大俠**》一書，對於頭山的功勞深表謝意大為讚賞。光格天皇的子孫中山忠英、亞洲主義泰斗頭山滿、以及中國革命支付孫文，這亞洲三巨頭緊密相連成崇高的友情和心意，男子之間的俠義精神昇華成為「**孫中山**」這個尊名。

而從不了解日本姓氏標示成立方式的中國人來說，孫文得到「**中山**」這個姓氏，因而認為「**中國的國父孫文是日本人**」或許會感到有抗拒感。但這完全是誤解。

日本的姓名標示方式與中國文化相同，有「**姓**」接下來是「**名**」。另一方面，「**中山**」是日本的「**姓**」，因此「**孫中山**」這個姓名是「**孫**」的下面接著名字「**中山**」，而不是「**中山孫**」。

承襲光格天皇血統的「**中山**」，這個高貴的日本人的姓氏，反而排在「**孫**」的後面，這並不是將孫中山當作日本人對待的意思，而是對於以中國民族爲主體指揮革命的孫文他的大義，致上最崇高的敬意，當時的日本人志士和光格天皇第三代子孫中山忠英注入對孫文深刻牽絆想法的同時，也是對因義結合的孫文的讚賞。

在中國和日本的民衆理解這個隱藏的史實時，應該會知道兩國的和平是如何的重要。

第五章

墨子思想的再啓動

影響世界的墨子之「義」

墨子之「**義**」的思想，本書中介紹經歷悠久時光促成孫中山的革命、以及繼光格天皇之後發表生前退位「**御言葉**」的日本明仁（平成）天皇都加以效法。

另外也觸及墨子思想最後因爲被當權者當成謀略而衰退，至今超過兩千年已成絕學之過程。

但是到了滿清王朝在中日戰爭中戰敗，在孫中山領導的辛亥革命中於一九一二年滅亡之前，突然墨子思想又再度浮上檯面。

當時在政治學者們已經預見滿清王朝崩落的氛圍下，幾經周折必然會觸碰到墨子。對於當權者說起來實在諷刺，的確就如墨子說過的，「**君子們，若自己困頓時應相信『兼愛』，視義爲必須。**」

打倒滿清王朝的，正是可稱爲墨子思想繼承者的孫中山等革命鬥士，然而追隨墨子的墨家子弟們，看不見這大義成果，早在兩千年前就被消滅了。

墨子去世後，據說墨家還持續活動了約兩百年的時間，但過去被盛讚是「堅墨」如鋼鐵般團結的墨家，也在失去最高領導者墨子後經兩百年，宛如自然更迭般，組織力失速，內部產生了裂痕。

墨家中的領導地位被稱作「鉅子」，其中代表性的三位分別被稱爲「相里氏墨」、「鄧陵氏墨」、「相夫氏墨」，而分裂成三個派系。

此外這些派系中也產生對立的主張與想法，他們同是墨者，卻分別位居「別墨」的位置，加深反目。

秦始皇開始抵制墨家，可說是趁墨家內部分裂的機會給予致命的一擊；此外，秦始皇一統中國，終結春秋戰國群雄分立的時代，對於作爲戰爭承攬集團的墨家，在當時的社會已經沒有存在需求，社會產生了這樣的變化。

秦朝的學說集《呂氏春秋》中，記載了墨子去世後壯烈的墨家死期。

紀元前三百八十一年，其中一名鉅子孟勝，得到楚國貴族陽城君的信任，被任命代替陽城君守備領土，但之後楚國發生叛亂，陽城君因也加入叛亂，結果造成領土被沒收。

陽城君雖逃過一死，對於被任命守護領地卻未能達成任務的墨者孟勝，卻向弟子徐弱表示要「**以死謝罪**」……最終，隨著兩人自殺後相隨的墨者總計約有一百八十三名（另有一說是由於無法制止陽城君的叛亂因此以死謝罪），造成墨家元氣大傷。

有人說，若是墨子還活著，應不致發生這樣的憾事。可惜墨子死後，留下的弟子盲從於教條式的俠義心，才會導致悲劇發生。

無論如何，光憑這樣的記錄就可窺見墨家之義結是何等令人驚訝。更不能斷言因這些墨家的崩壞，就讓墨子思想和義的實踐變得無用。

墨子與現存於世的儒家對立，以及墨子死後墨家呈現分裂下，墨者前往他國尋求活路，這樣的模式在思想史中被一再類推。

墨子思想也給佛教重大的影響。從時間軸來看，比起提倡「**博愛**」的耶穌基督誕生，或紀元後一世紀左右傳到中國的大乘佛教推崇的「**慈悲**」，墨子更早便開始倡導「**兼愛**」思想。

順帶一提，十九世紀的俄羅斯詩人托爾斯泰（一八一七年至一八七五年）也指出基督教的原型與墨子思想的共通性，並加以評價。這眞是令人驚嘆的智慧分析啊！

在日本廣爲流傳的「**大乘佛教**」，也被認爲受到墨子思想極大的影響。所謂的大乘佛教，是佛教中的分支派別。

以往佛教出家修行的原理原則，都是以自己的「**解脫（從輪迴中解放）**」爲目的而修行。這叫做「**上座部佛教**」，所謂的上座部，指的是保守派。

相對於此，即使身在俗世，只要進行「**利他行**」（救濟他人的行爲），就算不出家也能得到解脫，這是佛教分支大乘佛教的論點。

批判上座部佛教是「**小乘佛教**」的大乘佛教，從廣大庶民的立場倡導教義。

簡單來說，大乘佛教是利他思想，這和墨子之「**義**」的原理是同質的，就像是墨子的「**義**」在庶民階層得到支持般，大乘佛教也滲透進庶民大眾社會成爲一大勢力。

不將佛教侷限在只有道貌岸然的出家衆上，大乘佛教也可以說是將佛教解放在庶民之間。

在這樣悠久的人類史深處，也能找出墨子思想靜靜源遠流長的脈絡來看，我們可以說，墨家的分崩離析，是在失去領導後組織必然的經年劣化，但這並不代表墨子思想和義本身的存在有任何界線。

相反的，從義的孢子飛向不存在墨子和墨家的各國庶民階層社會這一點來看，足以證明墨子思想的最高理念「**義**」，果然是人類史上不可或缺的重大思想。

前面已經提到墨子思想與佛教間高度的關聯影響外，但在筆者生活的日本和墨子之間，關連又是從哪裡開始的呢?追根究底，墨子將義傳到日本的起源，可以追溯到彌生時代。

日本繩文時代之後是彌生時代，時間約從紀元前五世紀中期到三世紀中期左右。墨子出生的時間同樣是在紀元前五世紀中期，若從墨子逝後約兩百年墨家仍有組織性存在這點來看，戰國時代後期，被當權者逼往窮途末路的墨者們，轉往日本逃亡移居這個歷史時間軸是符合的。

從考古學的研究中，也定論從繩文時代到彌生時代的過渡期，也就是紀元前三世紀左右，有一大亞洲系民族勢力，帶著稻作文化來到日本，不久後以水田種稻的水道耕作開始以西日本爲中心展開，也啓動了彌生文化。

這些民族推測是居住在現在的中國、越南國境一帶，有說法顯示那裡面墨者混雜其中，再搭船抵達日本。這一說雖無科學證明，但當然也無法否定有這樣的可能性。

繩文時代或彌生時代，經由考古挖掘、遺跡驗證等調查確認曾確實存在，但《古事記》（紀元七百一十二年）和《日本書紀》（紀元七百二十年）這兩份記錄當中，都有被稱作是「**神代**」——這個歷史記載前，被定位爲神治的時代。

但如同本書前章所述，如視中國的革命領袖孫中山，這個名字是從日本天皇家的血脈而來，那麼中國和日本民族之間的共感，早從紀元前就開始，有這種想法也是理所當然吧！紀元前誕生在中國的墨子思想，在紀元前的日本已經扎根，這證明了亞洲民族至今已經共有了兩千年以上「**義**」的原理。

墨子思想的普遍性

而綜觀現在的國際政治情勢，筆者每每見聞現況，總認爲正是將過去孫中山主張的「**亞洲民族的團結**」再次以墨子之「**義**」來整合，用來與至今仍然在世上散佈惡與弊的西歐霸權主義對峙。

西歐霸權主義國家現在的殖民地控制，不再像以往採取交易奴隸或對原住民採行種族滅絕（國家民族計畫性的大量殺戮）等手段，但取而代之的，是侵略他國的教育和文化，藉由金融資本進行可以說是「**精神上的種族滅絕**」，以間接統治的形式存在。

尤其是構成西歐霸權主義「實際利益優先」的概念，不會變成利益的名譽或榮辱那些根本不重要，品格和道德怎麼樣都行，以結果來說，「**有錢人**」就是勝利者這樣的價值觀、人生觀變成常態，也侵蝕了亞洲各國的國民。

如同本書前段敘述的，墨子之「**義**」這個思想，說是能夠論及人類集體潛意識次元的唯一思想也不爲過。人類所能擁有的任何思想也不能超越「**義**」之思想中所存在任何民族文化的共通性。

「**義**」，如果是人類集體潛意識中尋求源流的「**人類思想**」的話，「**義**」這個思想，就不是墨子的發現，也不是墨子創造的。

實際上依照墨子留下的言論，墨子所說的「**義**」，是從以前中國古代國家「**夏**」的君王爲開端，卽使對於「**夏**」的君王而言，自己應該也是從先人那裡學來「**義**」的思想吧！

如此追本溯源，「**義**」——也就是人類共通的思想。

另一方面，推進西歐霸權主義的帝國主義思想，簡單來說就是「**某個優秀的民族，可以控制不那麼優秀的其他民族**」這樣的想法。

所謂的「**控制**」，極端來說就是以暴力操控他人，使他人對自己服從，因此換句話說，所謂的西歐霸權主義是基於「**爲了錢殺人也無所謂**」這樣的原理存在的。

這樣的想法在自然界裡可是不存在的。不存在於自然界，也就意味著這種思想原本就違反自然，也違反從自然界中誕生的人類。

也就是說，所謂的「**義**」，遠在西歐霸權主義、帝國主義的對岸，做爲自然界的種子，是人類共有的思想，意即西歐也有的「**騎士精神**」。

騎士精神在思想上與亞洲的「**義**」有諸多共通之處，但西歐的「**騎士精神**」與亞洲的「**義**」，決定性的差異就是是否認同這個思想的階級制度。西歐的「**騎士精神**」，或是日本的「**武士道**」，都是藉由身份階級制度開始的思想，產生出的價值觀。

「**騎士精神**」的根本，是「**騎士階層是身份高貴的人，必須要擁有萬一有什麼不測，能爲民犧牲的精神**」。

以法文來說，就是所謂的「貴族義務」。在中世紀的歐洲，「**騎士精神**」是備受讚揚的。無論是「**騎士精神**」或日本的「**武士道**」，原本都建立在騎士、武士這種階級身份上，因此「**武士道**」是在描述身爲武士應有態度的規則手冊精神論。然而「義」的思想並不存在任何階級身份。

這是學習「**義**」的思想時最重要的事。

「**義**」是不管對象是不是騎士或武士，對任何人都是好的。拯救弱者並不侷限於騎士或武士，但是在騎士精神或武士道的標準當中，一個默默無聞的農民如果拯救了弱者，並不會被稱頌是「騎士精神」或「武士道」的實踐者。

相同的行爲，農民做了不會被當成「義」，但騎士或武士來做就是「義」？這樣的思想無論在西歐的「騎士精神」或日本的「武士道」都存在。而墨子「義」的思想是不管身份、無關貧富，天下萬民（全人類）應該學習並實踐的思想。

義務教育的真面目——所謂的控制是什麼？

那麼相對於西歐的思想，現在亞洲各國民族社會中「義」是否還存在？以大局來說，因爲受到西歐霸權主義控制的殖民地，其生活文化和教育的變質，以及隨著西歐文化在國際上的強勢度，亞洲民族應該共有的「義」之思想，只能說變得很稀薄。

不，「義」如果是亞洲民族思想中的 DNA 的話，那絕不是可以稀釋的東西，說亞洲民族各個將固有的「義」之思想和價值忘卻了或許比較正確。

就算有人說「**亞洲民族被西洋的霸權主義和思想控制並洗腦**」，應該也會有很多人反駁「**才沒什麼被控制，也沒有被洗腦。**」

其中一個理由，是不想去正視自己的想法和行動受到誰的意圖操縱這種自我問題，另一個則是對於「**控制**」和「**洗腦**」這種詞句所擁有的印象，會讓人聯想到納粹德國的希特勒和恐怖組織，因此會有「**自己居住的國家不是那麼恐怖的地方**」的想法。

然而現在很多國家實行的「**義務教育**」這種制度，原本是從十八世紀中期（一七六〇年至一八三〇年左右），英國由於發生工業革命而開始的產物，之前以農業、漁業、職人手工業爲中心的社會，由於產業革命帶來高度的機器發明與普及，產生了巨大變化。

舉例來說，多數的女性勞動者，花上好幾天日夜趕工完成的織品等，只要一個工廠當中的一部機器，一天就能生產好幾百張。這樣社會的工業化讓技術和文明得以飛躍式的發展，但同時也造就了爲數衆多的失業者。

推動產業革命的企業，就是擁有資金、擁有工廠的人成爲「資本家」，讓「**勞動者**」勞動藉以獲得利益的社會結構也於是完成。

一直延續至今，階級社會的原型就是源自於英國的產業革命。

而產業革命的同時，也產生了兒童勞動問題，與以往幫忙雙親進行農業或漁業的家庭制不同，由資本家控制的工業化社會中，就算是兒童也是重勞動的消耗品，無論產業多麼欣欣向榮，只要是把建構國家未來的孩子們當作工廠零件般用過就丟，就會反而招致國家衰退。

爲了解決這樣的兒童勞動問題，作爲社會制度的一環，一八七〇年英國制定了「**教育法**」，這是當今幾乎所有國家都存在的義務教育制度的起點。也就是說，所謂的義務教育從世界史的角度來看，僅僅不過才一百五十年左右的歷史，是最近才開始的社會性概念制度（順帶一提，日本是在一八七二年（明治五年）引進西歐義務教育制，作爲「**學制**」立法化）。

但是當初以解決兒童勞動問題爲宗旨而展開的義務教育制度，同時爲了生產出「**順從並爲資本家工作的勞動者**」，因此成爲「新型態工廠」。

正如同不管哪個國家都不存在會違逆國家權力的大企業般，資本家通常和國家利益是一致的。而義務教育就成爲培養對國家＝資本主義社會有用的國民企劃案，總而言之，就是爲了一群富有的資本家，將原本滿身油污被強迫進行重勞動的孩子們，從工廠中解放出來，取而代之的是改讓他們受到遵從國家意志的思考方式和知識的束縛。

這就是義務教育，也就是說「**控制**」和「**洗腦**」才是眞正樣貌。但當這種控制方式不是在重勞動下，而是在會給你吃營養午餐的環境中，猛一看是非常聰明的方式，因此一般人不會認爲「**義務教育就是國家給予控制和洗腦的企劃案**」。

當然，在義務教育成爲常態前的世界中，孩子們恐怕連所謂的人權都不被認同，就算想要上學也不會有這樣的機會，因此，義務教育制度確實有讓國民教育水準飛躍式提升的成果。

另一方面，亞洲民族的國民在無意識的情況下，因爲「**以西歐社會制度爲原型的教育制度**」，自然而然忘卻自己國家的文化和民族思想這種負面情況，也是確實存在於義務教育這種制度內的事實。

在原型是爲了支持英國富裕階層養成勞動者的教育制度下，亞洲民族共有的「**義**」之思想會衰敗，也是再理所當然不過的事。學習墨子思想就能夠理解所謂的「**義**」，在資本家利益優先的世界觀中被放逐在極地的邊緣中。

跳脫義務教育——開始轉變的世界

不過現在，比起只擁有約一百五十年歷史的義務教育制度，又誕生了全新的系統——「**網路**」，這讓世界產生轉變。

網路的誕生是在一九六〇年代的美國。

一開始是美國為了防禦核子攻擊情報傳達時被攔截，於是開發出軍事性系統。連結美國軍事據點彼此之間的第一個網路連接實驗是在一九六九年，但短短二十四年後的一九九三年，電子郵件開始一般商用化，二〇〇七年美國Apple（蘋果）公司開發的「**iPhone**」，宛如**世界傳染病**般大流行爆炸似的擴散開來，讓網路可以單手拿著走。之後如同大家所知，網路大大改變地球上人類生活與社會，這種說法一點也不誇張。

若把人類史當作量尺，僅只十二年就像是轉眼瞬間般的短短時間，出現至今從未出現過、改變世界的發明。

要是從前述教育的觀點來看的話，在無論如何前往不想去的教室裡，聽著不想聽的老師授課，被硬塞進不想學的知識，與這種壓力相比，藉由網路進行的資訊蒐集和學習是非常舒服的，就算討厭在學校學習的孩子們，也可以像是成癮者一般，一整天專注在網路發送的資訊上。

在義務教育制度下，違反該國利益的事情就能以「**不教導**」的方式控制國民，但在網路之下，全世界的資訊瞬間就會讓庶民得知，但也因此反而時常成為國家權力利用網路形成輿論的時代。

這短短的十二年間，美國總統川普率先以國家元首身份透過 SNS 社交軟體，甚至跟街頭貧民區居民「**直接**」對話，另一方面，以「**伊斯蘭國**」之類的國際兇狠恐怖組織為首，利用 SNS 社交軟體進行無數犯罪行為出現在異次元世界。

這個堪稱為人類一大變革期的變化，徹底顛覆義務教育代表的權力一元化對國民控制和洗腦的結構，但同時，卻也對人類社會產生重大且深刻的問題，那就是對充斥在網路上的資訊和知識的「**讀取方式**」。

現代有種被稱之爲「**網路素養**(Net Literacy)」的能力，意即對於網路資訊正確的判斷力和運用能力，這對社會、甚至是國際情勢都開始有很大的影響。

十分諷刺地，日本義務教育的現場，設置了教授可以說是反義務教育的網路資訊讀取方式、使用注意事項的網路素養課程時間，網路就好比「**雙面刃**」般，正在明顯改變過往形成義務教育的國家和社會。

嶄新形式的「義」的分享——SNS社交軟體

原本美國以軍事目的開發的網路，當時的研發者恐怕難以想像演變成現今如此普及的現象。

網路讓世界上的所有人，利用文字（電子郵件）和影像，得以直接串連起來，以往世界角落裡誰也看不到遭受虐待殞命的，身爲社會弱者而存在者，一瞬間能讓數十億人知道，喚起國際社會某種規模程度的相互扶持，包括精神上和行動上。

地球上一個人的推特（咕噥）分享到全世界，給了一個窮困默默無名的人希望和可能性，散布在各個角落的孤獨人們雖沒有直接見面，但透過網路連成一體，拯救危在旦夕的性命，成爲實現社會改革的原動力。

這不正可說是墨子思想之「**義**」以嶄新的型態再啓動的世界嗎?「**義**」的思想在古代中國被壓迫爲絕學，也沒有一瞬間能向天下萬民倡導「**義**」的技術，倘若墨子生於現代，他一定會欣喜若狂，用YouTube影片就能把「**義**」的思想廣爲流傳。

筆者也在昭和五十七年（一九八二年）經營一家小小的報社，雖然持續評論活動，但報社的發行量每個月約一千份就達極限了，但平成十三年（二〇〇一年）開始改爲用網路電子報的形式之後，以點閱率來看，比起印刷報紙時擴增了三十倍的讀者。

當然，與筆者同世代的銀髮族，日常網路運用自如的人，不只是日本，在國際上應該也仍爲少數，透過印刷製造的報紙和書籍……以及親筆信的價值並未降低，筆者這裡就有讀者提出「**不能印刷成紙本嗎**」這個要求。

而活字印刷，是誕生於中國的四大發明之一，這項技術與社會同化這個現象，即使到了現代，「書」的重要性和價值也一樣廣為人知。

即使同樣是亞洲民族，是現在的日本忘卻的文化，然而事物的真正價值，如果不能讓人知道其存在的話，就無法向天下萬民推廣。

現在可以將歷史的書畫，很輕鬆的透過網路用相片或影片的方式向世界介紹，看了那些內容，「**好想看到真正的實體啊**」有這樣想法的人就會出現。現在有許多商業模式，就是利用這樣的網路效果，此事如同各位讀者所知道的一樣。

本書中無數次提及，墨子的「**義**」，原本就是天下萬民——世界人類能夠共有的思想，這樣的話，經由這個網路社會，「**義**」向世界擴散也應該是必然的。若要舉出網路唯一的不足之處，那就是在缺乏載具及電力的情況下，就會英雄無用武之地這一點。

從這個意義上來看，「書」是知識性永恆的記錄。世界上最古老的文字誕生於紀元前五千到三千年間，被認為是「**埃及的象形文字**」、「**美索不達米亞的楔形文字**」、以及「**中國的甲骨文**」。

再更進一步回溯的話，在一萬八千年前到一萬年前如此遙遠的古代，西班牙的阿爾塔米拉洞穴被發現其中繪製了「**牛馬壁畫**」的同時，也發現了類似現代字母的「Y」和「W」一樣的記號被刻在洞穴中。要說這樣的作品為何會被遺留下來？那是因為不使用機器和電力，而是用人的手刻劃下來的，在那裡就是人類集體潛意識認可的「**真正的價值**」吧！

網路改變了世界，讓下一個世代的人們對未來抱持希望，但另一方面，筆者反倒希望本書是以「**書本**」的形式流傳下去，理由或許是因為我根本就不信任科技，而是希望以只要有陽光或火光就能拿來閱讀的型態，將言語留給下一代。

一定要留給後代的「**真正價值**」，就是超越人類智慧科技「**因有價值所以值得**」的東西，硬要說的話，是要守護根據非科學角度帶來的人類共有價值觀。「義」這個思想並非科學，但內容貫徹「**合理**」。

金融資本主義（銀行和產業一體化的資本主義）這樣的思想，是在十八世紀中期的西歐產業革命之後發生的，不過是跟新興宗教一樣歷史短淺的思考方式，實際上仍充斥著不合理。

然而，被這個觀念教育，以歐美人爲中心的多數世人卻相信「**世界是用金錢創造的**」。在資本主義社會中，被歸類爲「**貧窮**」的人們會遭他人排擠，相信得到更多金錢就能變得富足。

另一方面，墨子的「**義**」從紀元前就已經存在，義的思想流傳的形式雖有改變，但直至今日都還存在。

就算是歐美人，在好萊塢製作的英雄電影中，看到描寫自我犧牲的場景也會心有所感，這是因爲「**義**」是天下萬民——全人類能夠共感的思想。這個「**義**」教導我們的是：人類的富足並非來自金錢，「**唯義，方是最大寶藏**」。

西歐的金融資本主義和墨子之「**義**」的思想，哪一個才具有「**眞正價值**」？相信聰明的讀者，應該可以單純明快地理解。

第六章

墨子的DNA

中國古代「夏朝」君王——禹和日本的天皇

本章中會將之前敍述的各個論點靈活穿插，針對本書想要著墨的亞洲、以及中國和日本應持續共有的義，以總結的方式回顧。

作爲近代革命的先驅，在中華民國時期被稱爲「**國父**」，在中華人民共和國被稱作「**革命的先行者**」，不管是誰都會對他表達敬意的歷史偉人「**孫文**」。但在中國，比起孫文，孫中山這個名字更常見，被稱爲孫中山先生。

而這個「**中山**」秘而不宣的來歷正如本書所述。

對孫文表達敬意的日本皇族和中國革命支援者們，以及孫文本身對日本表達敬意和友愛的想法，用孫文新的名字具象化，就是「**孫中山**」。

那麼爲什麼孫文會對日本天皇家抱持著敬意和友愛的念頭呢?接下來要說明這個背景。

二〇一九年令和元年五月，日本令和天皇卽位。

之後在「即位後朝見之儀」中，天皇陛下發表了談話：

「依據日本憲法及皇室典範特例法的規定，本人在此繼承了皇位，深感責任重大，心情十分肅穆。

回顧以往，上皇陛下在位長達三十年，一直祈求世界和平與國民幸福，無論何時都與國民同甘共苦，上皇身體力行地展現出堅強的精神，真摯地執行每個公務。對上皇所呈現的象徵天皇的形象，我由衷表示敬意及感謝。

於此繼承皇位之際，我深思上皇至今的足跡，銘記歷代天皇的所為，在努力自我鑽研的同時，還要經常想著國民，陪伴國民，並發誓將遵循憲法，善盡日本及日本國民綜合的象徵天皇之職責，懇切地祈求國民的幸福和國家更進一步的發展，以及世界和平。」

這段話流露出來的，是天皇對國民、對默默無聞的無數人們的關懷。憲法上雖是「日本及日本國民綜合的象徵」而對自己立場自律的天皇，但內心的期盼比起「國家更進一步發展」，更在意的是「國民的幸福」。

在那裡展現的是，自始至終陪伴在人們身邊的天皇姿態。而當今的天皇有個最好的範本，就是自己的父親也是上皇（明仁天皇）的生存方式。

平成時代上皇的身影，是浮現在許多國民腦海中的身影，那是身穿長褲和襯衫的上皇和上皇后，一起前往災區探訪的影像。阪神大地震、日本三一一強震這兩大災害之外，其他異常氣候造成的洪水、颱風、土石流、以及平成三十多年間許多大規模的災害，他們都親身前往慰問，而在許多場合中，總是能看到上皇夫妻聯袂出席的身影。

那身影，與墨子景仰的聖人，下述古代中國夏朝君王禹的身影重疊。

「從前大禹治理洪水，導理揚子江、黃河而疏通四夷九州，有名之大川三百，支流三千，小河無數。大禹親自持筐操鍾勞動，從而匯合天下之河川，腿上的汗毛也磨光了，頂風、冒雨，安定了天下。禹眞是大聖人啊，爲了天下竟如此之辛勞。」

上皇夫婦沒有「**持筐操鍤**」，就算帶著補助金，也不可能有促進災區早日復興的技術，就只是前往現場，陪伴受災者而已。

面對乘坐輪椅的人，他屈膝視線交會，傾聽災民心聲，發自內心交流。陪伴在側的上皇后，輕輕握著災民的手，點頭聆聽災民說話。

這樣的作法並不能改變受災狀況，但這樣的姿態卻是受災者的心理多麼重要的支持，而這樣的影像深深感動全日本的人們。

不顧自己的生命、利益和名聲，就如同呼吸般自然，在無意識中用行動協助社會上的弱者，這就是「**義**」。

因此上皇的姿態，就是墨子學說中「**義**」的姿態。

比起國家優先想到國民，這個「**義**」的精神他們究竟是從哪裡學到的啊？不，不是學來的，或許在他們心中，這樣的想法早就自然生根了。

很多人應該都知道基因 DNA（去氧核糖核酸），是組成人類個體非常重要的高分子生體物質，但是DNA並不只是寫入人類遺傳資訊，而是在基因細胞中，塞進了三十八億年來從海水誕生的生命記憶到生命出現在陸地的年代，以及從猿猴變成原人、人類的進化過程這所有的記憶。人類在母體胎內生長的過程，就如同追溯地球上生物進化本身般的充滿變化，此外，從DNA來的遺傳資訊不只顯現在外型，在體質和精神上的氣質也會延續下來。

本書之所以重複主張「義」是亞洲民族共有的產物，其中一個根據，就是DNA決定了同質民族誕生的遺傳資訊，也就是說，「義」的精神也因爲DNA的作用，經過好幾十代、好幾千代……把這些想成是某部分繼承了天皇家的思想，也並非離譜的想法；因此將墨子和日本的天皇家、孫文、明治維新的志士們，以遺傳角度相連，這件事也就不奇怪了。

從中國傳來日本的「義」之思想

墨子思想因爲畏懼墨子存在的帝王家，以及紀元前二百二十一年，首次一統中國的秦朝的秦始皇，讓反權力思想遭到滅絕。墨子思想再度被發現，其實是在兩千五百年後的十九世紀末、滿清末期時。

但這兩千五百年間，成爲絕學的墨子思想，做爲亞洲民族的遺傳資訊，生存在亞洲民族性之中。墨子出現是在戰國時代初期，約爲紀元前五世紀末，他的墨家思想與當時的儒家思想分庭抗禮，並稱顯學。

從古代到近代，以武力擴大其領土的王公貴族們，也就是所謂的統治者、當權者，利用儒家思想鞏固體制，誕生於古代中國春秋戰國時代的儒家思想，連續受到歷代統治階級的支持，就算是現在的日本，也有許多政治家或經營者把儒家思想當作座右銘，將其精神視爲崇高。另一方面，比起儒家稍晚誕生的墨子思想，徹底站在群衆人這端述國論政，講述「作爲人類，比起生存更重要的是什麼？」這樣的人生哲學和道理。

從實行惡政欺壓百姓的爲政者、權力者角度來看，就算了解墨子言論的意義，但一旦實踐就會損及自己既得的利益，對於改寫歷史的統治階層而言，墨子的存在和言論都不合時宜，從而使墨子思想從中國滅絕。

那麼在日本，「**義**」的歷史又是怎麼樣呢?追溯墨子思想傳到日本的起源，一般認爲可以回溯到彌生時代。

繩文時代之後的彌生時代，是總紀元前五世紀中期到三世紀中期，與墨子誕生的時間一樣是在紀元前五世紀中期，墨子去世後約兩百年間墨家組織依然存在，從這一點來看的話，春秋戰國時代後期，被當權者逼迫的墨者們，逃往日本移居的可能性非常大。

從考古學的研究中，也定論從繩文時代到彌生時代的過渡期，也就是紀元前三世紀左右，有一個擁有大勢力的亞洲民族將稻作文化帶來日本。而其中與現在天皇家有關的一族，圖謀日本統一，最後成王。

於是過去在日本，統治階級也以「義」的思想行動的這種假說是成立的，在中國由於統治階級成爲絕家的墨子思想，爲什麼會在日本的統治階級中得以生存呢?可以思考因爲日本這個國家有著雙重結構。

被認爲誕生在十世紀左右的日本武士階級，擁有武力和組織力，結果擔任這個國家的中樞，但他們的武士統領，就算實質上已經是這個國家的統治者了，但象徵權威的天皇和天皇制，做爲日本的原點依然被保留下來。

於是將軍和天皇是相異的存在，他們各自在日本的最高點，以國家的立場上是極其稀有的雙重結構。墨子思想可說是在無意識的情況下被包進在日本。統治武士的幕府，如同中國般遵從上位者，使儒學盛行。但沒有武力也沒有資本，就只是權威象徵的天皇家，並不贊成武士信奉的儒家教條。

「**昭和、平成、令和**」從這些天皇的用語也能了解，總是想陪伴在人民身旁，天皇家貫徹的是這樣的思想重心。

當時是武家社會的日本，無法想像有人會知道墨子的存在，但擁有意氣風發權勢舞台的武家社會，對照另一方卻是處之泰然永恆存在的天皇家，力勸天下萬民和平之說的墨子思想能夠存活，看來也沒有什麼不對。

這是因爲武家的當權者，與天皇的象徵權威在數千年時光中同時存在，所以這一切才變得可能。武家是以自己的霸權思想和行動原理運作，但天皇家由於沒有實行政治的立場，因此自然而然就會祈願國泰民安，這是天皇家思想上的原理。

實踐義的光格天皇

一六〇三年，德川家康成爲征夷大將軍在江戶開設幕府以來，一直到大政奉還的一八六七年爲止，約兩百六十年間持續武士政權。

日本歷史即使在這段期間，位於京都的朝廷及天皇的存在也未曾淡出歷史。江戶幕府期間，一共歷經十五代將軍，事實上天皇家也一樣傳承了十五代，有人可以說出這十五名將軍的名字，但能說出這期間十五代天皇的名字的人幾乎不存在。

京都的朝廷受到江戶幕府以法理和武力控制，就僅只是權威象徵性存在，當然天皇家也無法干涉政治，但，如果是熟讀日本歷史的人，應該還是可以舉出期間的幾位天皇。

其中一位就是在本書第四章描述過，明治天皇的前三代，第一一九代的光格天皇（在位時間一七八〇至一八一七年）。如同前述，要是日本歷史上沒有光格天皇，就不會有之後的尊王攘夷運動，接下來的明治維新也會有所改變。關於光格天皇，留下了這樣的軼事。

那是發生在一七八二年（天明二年）到一七八六年（天明六年）天明大飢荒時的事，因爲飢荒，生活變得困苦的人們，據說開始繞行御所（天皇的座席）周圍祈禱，從一開始的數十人，後來人數超過一萬人，最多的時候據說達到七萬人來到天皇御所。

面對價格漲到無法無天的米價，吃不飽的民衆向衙門哭訴，但幕府卻什麼也不做，人們想到「**如果是天皇，一定會要朝廷做點什麼的吧！**」，於是趕往天皇御所。

當時有規範江戶幕府和宮家行動的法令「**禁中並公家諸法度**」言明，朝廷要是向幕府提出施政意見，是破壞法令的越權行爲；然而當時，光格天皇卻不顧一切向幕府提出提供白米買賣的意見書，此舉雖沒被幕府責難，但光格天皇違逆幕府的法令只爲與人民爲伴，恰如站在統治階級的對立面，實踐倡導大衆庶民理法的墨子思想。

光格天皇最爲人所知的，包括恢復了中世紀以來就消失的宮中儀式等，將朝廷恢復成平安時代的形式，一直持續到現在的大嘗祭和新嘗祭也是其中之一。

光格天皇暗中思考，要恢復尚未出現武士，朝廷是日本唯一中樞的平安時代，重新拿回朝廷的權威。

而最後，他將這樣思想託付給某人，那是中山家的第一代「**中山忠伊**」。

中山忠伊是光格天皇庶出的皇子，十六歲時接到父皇光格天皇的聖旨，內容是爲點燃「**尊王討幕**」的烽火因此下放民間。

當時這道旨意是所謂「**四民平等——回復到天皇直接統治的時代**。」「**四民**」指的是士農工商（武士、農民、工人、商人），這是儒家的社會階級。而所謂讓「**四民**」能夠「**平等**」，就是讓以儒教爲基礎的江戶幕府階級制度瓦解。

光格天皇命自己的血脈子息中山忠伊，將全民從武家的控制下解放，重新取回子民與天皇共生的社會。

當時光格天皇做了一首詩歌給中山忠伊。

風雨中感到心痛，想到人民的生活的憂慮；
早晚都無法忘懷，期望四方的國民都能安居樂業。

重要的不是當權者的權力，而是市井民衆的安寧，吟詠出的詩歌具有這樣意義，恰好和墨子思想的原理相同。

因爲光格天皇下放民間的中山忠伊，在尊王攘夷派的武裝組織「天誅組」內暗中操控，爲了打倒幕府，他賭上身家性命戰鬥，中山忠伊的兒子中山忠英，據說也以一介少年之姿對敵軍揮白刃。然而天誅組眞正的統帥、第一代的中山忠伊，在六十一歲時被幕府追討而自殺。中山忠英倖存，以天皇親屬身份守護天皇家，中山忠英的父親，第一代中山忠伊流傳下來的絕命短詩是這樣寫的。

如同今日一天就會消失般的平原朝露之身，心繫國家的未來，

若未能好好盡忠成為君主的盾牌的話，就沒有存活的價值，隨時可以捨命。

中山忠伊的孫子、中山忠德時常表達出自己的想法，如下列文字吟唱出祈禱文。

要是蒙主寵召，我身及我命都可以為君主奉獻。

這裡也有墨子倡導的「**義**」重於命這樣堅強的思想存在。就這樣，中山家時常爲了打倒幕府、朝廷復辟，暗地裡不斷奮鬥，終於在一八六七年經歷大政奉還、王政復辟，實現了明治維新。

光格天皇的「**四民平等，回復到天皇直接統治的時代**」這個思想，在明治維新後廢除了「**士農工商、穢多非人**」階級，開啓了「**四民平等**」的統治，日本以成爲世界先驅，組成「**沒有階級差異**」的國家爲報答。

然而正因爲明治維新，給予之後在中國點燃革命火種的孫文莫大的影響，讓「**孫中山**」於焉誕生。

但所有的源流卻都在古代中國的墨子思想上，墨子思想和實踐是亞洲民族共有的基因，在近代的日本啓動，而這個成果又促使「**本家**」中國的孫文行動，如此想來，就能夠理解中華民族和日本民族之間的牽絆是何等重要了。

相反的思想——義與法治

如同本書中敘述的，孫文曾說：「日本的維新是中國革命的原因，中國革命是日本維新的結果，兩者本爲一體，完成東亞復興。」

孫文從未捨棄自己的大願，希望日本和中國團結，讓過去位處世界弱小地區的亞洲能夠擁有和歐美對抗的力量，培育爲先進國家改變樣貌。這個大願應該是和日本成爲戰友來共同完成。

但是經過中日戰爭，本應成爲中國革命後援的日本，卻將中國大陸當作殖民地意圖染指，孫文對日本政府說：

「是要成爲西洋霸權的走狗？或是東洋王道的守護者？」訴諸日中友好。

然而後來的日本卻背叛了孫文的想法，朝向日中戰爭、太平洋戰爭的方向發展。

孫文向日本呼籲：

「共有亞洲固有文化的亞洲民族，因仁義道德團結，與意欲掌控世界的西

歐文明殖民地主義對抗，實現平等的國際社會。」

孫文在無意識下，不覺將亞洲民族共有的DNA，「**用亞洲共有的固有文化**」來表達。

不對，這不過是想像，但或許孫文眞的具體吸收了墨子思想也說不定。

不像追求個體利益掌控世界的西歐思想，孫文希望的是能夠實現讓生爲亞洲民族的人們，無論對誰都能平等的社會，相對於此，明治維新後的日本在歐化政策下，忘卻了「**義**」，一味的向歐美式的民主主義靠攏。

那種行爲完全是忘卻了「**亞洲固有文化**」。

日本不光是背叛了孫文，甚而走上了背叛全體亞洲民族的道路。

追溯亞洲固有「**義**」的源頭之墨子思想，可以說與西歐思想中的「**法治**」概念是處於兩個極端。

所謂的法治，如同字面表達的，以「**法**」治理國家，而「**法**」卻是由掌握立法權的當權者決定的。

信仰為唯一絕對神祇的西歐國家，由上位者制定法律，藉由要求人民遵從法律創造出強大的國家；事實上，在現在的美利堅合衆國，是將基督教視為是一切的原點，由可稱為地下政府的秘密組織所承認，若沒有經過將手放在聖經上的儀式，領導人是無法成為總統的。

選舉事實上不過就是被地下掌控者們控制的劇碼，按照國民的意思選出美國總統，在歷史上一次也沒發生過，而成為「**西洋霸權走狗**」的日本首相，二戰結束後持續被美國佔領控制的日本，也因為美國的想法被當作「**配角**」，而且不過就只是名一文不值的配角而已，這些將帝國主義控制正當化的所有說法，都被稱作是「**法治社會**」。

無論在哪個國家，似乎都是如此。法不是恆常不變的。依據國情或社會變化，當然，也會因為權力的關係就能輕易改變。

但人世間眞正的生存原則與「**法**」無關，有所謂「不好的還是不好」這種以自然律爲觀點的共通認知，那就是「**義**」。

反過來說，所有事情都要經過判決才有結果的「**法治**」，也會成爲讓不義橫行的原因。殺人這種不義也是，要是找不到應該拿來當作證據的屍體，那就無法讓殺人罪成立。即使詐欺奪取人的財產，只要沒有物證就會判決無罪。行不義只要好好收拾善後，就不會被問罪。

無論哪個國家，與政治家相關的首領集團發生可被質疑的事件，只要法官不採信對當權者不利的證據，事件就會被埋葬起來，要是人民義憤塡膺揭竿起義，對惡政者實行暴力制裁的話，反而會被當成不義而送入監獄。這是「法治」的現實。

另一方面，在義的思想中，所謂的義或不義，自然律的規則就是一切判斷標準。

當然，近代的國家治理，要是不認可一定程度的法律約束力，就會讓社會機能麻痺，但重點是，必須懂得原本「**義**」的思想就該凌駕在「**法**」之上。

而所謂的「**義**」，是和至今科學與醫學依然無法完全揭開全貌的基因同級，是人類這種生命體預先內建的價值觀。

雖然以下這或許是不夠嚴謹的舉例，但產生義或不義這種價值觀的心理活動，應該是從人類彼此還不會交談的原始時代就已經存在。

因此「**義**」是人類社會的自然律。

墨子和孫文以及明治維新的志士們、還有日本的天皇家，都是自然共有「**義**」這樣的思想，並將之發揮到極致，爲此因而置身與權力對抗的立場，所謂的「**無法**」和「**不義**」，意義是全然不同的。

墨子和孫文都無視於當時的律法，但卻是義的巨人。

如同前述，光格天皇也無視當時幕府的法令，但卻拯救了受飢荒所苦的人們，他是義的賢者。

「**義**」不是以得勝爲目的之思想，不以求勝爲目的，就是不以利己（獨善其身）爲目的，也就是說，決定義或不義的前提，就不能忘記墨子思想主軸的「**兼愛**」。

所謂的「**兼愛**」，是愛著廣大的人類，讓全人類都能在沒有階級之分的狀態下平等共存，不是憑藉任何宗教之名認爲只有自己的利益才是正義的西歐霸權主義，而是時常思考並規範生而爲人，比起生存更重要的到底是什麼？

不是「**法**」的當權者空談，而是自己遵循並講述存在於自己心中的「**義**」，就算欺騙別人，也不能欺騙自己的內心，沒有比欺騙自己內心更沒有意義的事了，因此「**義**」比命更重要。

最重要的，不是由人來評價，而是順著內在的「**義**」去行動，距今兩千五百年前，墨子是這樣教導弟子的。

雖然義的行爲無法隨心所欲，但仍不能捨棄義。

不焦急、不放棄、不絕望，只要將義的理念貫徹始終。

爲實現義的道路漫長艱辛，但讓我們爲義的眞理而生吧！

終章

俠義精神

有句話叫做「**豪俠氣概**」。

雖然有「**男子氣概**」這樣的語意，但查字典卻只解說是「**男人氣質、大丈夫氣息**」。的確，要是問起俠義這個字詞是什麼意思?確實不是可以輕易找到對應的話語來回答的。

我認爲俠義這個語詞是：擁有遼闊的心，同時另方面又很嚴謹，精神意志抽象但卻是超凡的溫柔和強大。

儘管這個字詞有著大家都可以理解、具備精神上的美學和行動的意涵，但要從理論上解說，卻很困難，甚至可以說是表達曖昧。

不過說穿了，只有對無法理解俠義的人們而言，才會感到曖昧。隱世過著俠義生活的人們，應該就能明確對俠義的嚴謹有所自覺。

日本也有「**俠客**」、「**俠道**」這種說法，然而俠義成爲黑道的代名詞實在是個謬誤。本質上的俠義和特定職業或立場都不相關。

無論是上班族、商人、教師或酒館老闆娘，都有人是以俠義精神生活的。當然，雖然是少數，不過俠義也存在於某些政治家和官僚當中，無關乎貧富或性別、年齡或職業。

不會刻意去定義何謂俠義，本質上卻過著俠義生活的人們，就算是少數，在這世上還是存在。

俠義的本質就是「**利他的愛**」。

所謂的利他，就是不圖自己而幫助他人的這種廣義的愛，基於這一點進行的行動就是俠義的本質。

然而基於利他之愛過著俠義精神生活，是需要超凡的強韌精神力的。

總之，在自由市場競爭的前提下，顯示的結果卻是錢賺得多的人被視爲勝者，在這樣的現今社會中，願意不計個人得失行動的人，反而容易被敬而遠之。

很多人雖然心中無法否定俠義，但另方面爲了討生活，或因不在意而漠視俠義思想，就算看到有人倒下也選擇無視通過的不義行爲，甚至有時還會助長不義，因此當貫徹俠義精神生活的人在眼前，爲了逃避自我厭惡，就反過來對俠義精神產生抗拒感。

以俠義生活的人們，就算感到孤立無援，也只會靜靜地走在自己的道路上，這種俠義精神除了同爲知俠義者外，旁人無可理解。

然而，只要能遇上一次眞正以俠義精神結識的人，不管是朋友、夫妻、或上司與下屬，就算其中任一方逝去了，也會永久綻放不褪色的幸福光輝。

這幸福的光輝，就是「**與人分享無形的事物**」。唯有如此，才不負身爲這世上生命唯有人類才能得到「人生」所有意義。

因此，捨棄俠義的人生並非正道，當今社會四處都在關閉通往俠義的道路，也就是說，人類正在迎向人類生存之道消失的危機。

對於不斷讚頌富有就是人生富足的保證，拼命朝著經濟至上主義狂奔的人們而言，俠義沒什麼好處，只是妨礙他們塡滿物慾的絆腳石，因此特意讓俠義失去棲身之處，戮力杜絕俠義思想的流傳，好讓他們把社會當作是滿足自己的獵物。

賦予人之所以爲人生存價值的，只有俠義。

沒有俠義的世界無論世人消費多麼奢華，實際上也沒有任何益處；漠視衣食不足蹲坐路旁的貧人，逕自搭乘豪華轎車冷眼旁觀疾駛而去的人，以人的角度來看，一點也不氣派。

過去日本的社會中，充滿生氣蓬勃的俠義，一般人會把米和醬油分給貧窮的鄰居，就算不是自己的小孩，看到年幼的孩子犯錯，左鄰右舍的大人們也會幫忙訓斥，讓小孩記住什麼事是對的。

但這樣的人性光輝在二戰後的日本巷弄裡消失了，賭上性命憂國憂民的政治家，他們的子孫穩坐在因世襲到手的特權階級裡追求不義的利益，警察權力若因一己的私利與特權結合的話，就成爲巨大的惡，傷害弱小，甚至在應俠義生存的黑道當中，也會出現欺騙老人存款這種不義族群現蹤的慘況。

本文並非主張狹隘的民族思想，而是爲了表達希望這個世界恢復俠義而記述。

創造出原本西式思考的帝國控制式資本主義經濟，產生了現今許多的貧困階級和自殺者，包含日本在內，就亞洲民族的精神文化而言，西洋的資本主義思想從根本就錯了。

西方世界以理論和契約爲根據，將弱肉強食正當化，讓社會經濟自由競爭的結果；然而亞洲社會壯闊的歷史向量，超越西方理論和契約關係，存在人情義理和俠義精神，這成爲社會的根基，兩者在精神文化層面上有巨大的差異。

我們日本曾一度在這裡止步，作爲亞洲同胞，應該要重新拿回廣大的亞洲民族文化中共有的優秀俠義精神和行動。

能夠照耀人類眞正的幸福，唯一的營火就是俠義。只可惜，這俠義卻已燃燒殆盡，日本將被黑暗吞噬，在這之前……。

孫中山的「大亞洲主義」

一九二四年十一月二十八日，孫中山和夫人宋慶齡結伴前往位於日本神戶的兵庫縣立第一神戶高等女校，在神戶商工會議所主辦的活動中，以「大亞細亞問題」爲題進行演說。

這場演講的內容，一般被稱之爲是「孫文的大亞洲主義」。隔年一九二五年，五十九歲的孫中山就因爲癌症客死北京，這是他生前最後一次訪日，也讓這場演講留下歷史性的記錄。

他的主張簡單來說，就是「共有亞洲固有文化的亞洲民族，應以仁義道德團結，對抗意欲控制世界的西歐霸權文明殖民地主義，實現平等的國際社會」。

爲完成中國革命在各國遊說的孫中山，特別針對亞洲強國日本殷勤呼籲亞洲團結，孫中山主張「完成明治維新，成爲亞洲第一個廢除不平等條約的國家，又在日俄戰爭中打敗大國俄羅斯贏得勝利的日本，更應該要支持中國革命。中國革命就是中國的明治維新」，並對日本政府重要人物和國民積極展開啓蒙活動。從革命家後來成爲中華民國國父的孫中山，從事革命活動流亡海外生活有三分之一、約十年時間都在日本活動。

孫文在日本期間，使用假名隱藏眞名，據說孫文在東京日比谷公園附近散步，看到一棟豪華的宅邸，宅邸的門上掛著「中山」這個門牌，於是孫文就默默把「**中山**」這個姓氏拿來使用，從那時開始自稱「中山樵」使用日本名字，但眞正的情況卻有所不同。

孫文這等高自尊心的人物會默默待在異國，更不用說還把不認識的家宅姓氏拿來當作假名使用，筆者認爲他絕不是這種粗率的人物，之所以會這樣的理由是因爲孫文將「**中山**」當作別名，當作是自己一輩子的東西。

關於這件事，不得不提起身爲孫文知心好友的頭山滿，一段令人感動的故事。

這事不只說來話長，且因是高貴人物的一時興致，因此當時日本政府的立場將此事當作秘密，但頭山滿與孫文一致的大亞洲主義思想，以及被孫文憂國憂民的熱情打動，於是將高貴的姓氏贈與孫文，這段佳話至今依然是秘密，相關人士閉口不談。

要是把這段事實公諸於世，這段孫文新史恐會讓人瞠目結舌，而若將此事公開，能更加深中國與日本之間的友好羈絆的話，不會有比這樣更好的事了。

無論如何在中國，比起孫文，一般人更熟知孫中山，而中國廣東省香山縣孫文的故鄉，之後也改名為中山市。

將仁義道德作為亞洲民族團結王道的孫中山思想，從當時就已經預見歐美思想，會帶來公理和強權的世界性戰爭。所謂的公理和強權，對於當權者和資本家而言是社會上強者的象徵，受到符合自己利益的法律和理論保護，也就等於掌握了統治國家的權力。

西歐的統治階層，為了將自己這樣的理論強行加諸在對岸的亞洲社會中，不惜冷眼發動戰爭，為了不屈服於此，日本和亞洲各國必須共同奮鬥，這是孫中山的理論。

「要是歐美侵略亞洲民族社會，日本在國際社會中會選擇什麼樣的道路呢？」為了求得解答，孫中山也會寫信給日本的盟友犬養毅（時任山本權兵衛內閣遞信大臣，之後擔任第二十九任內閣總理大臣）。

但是犬養毅並未回信，如同開頭所述，在神戶的「**大亞細亞問題**」演講中，犬養派了代理人留下。之後近代史學者之間評論，若當時孫中山和犬養毅確實有見到面的話，歷史有可能產生巨大的變化。

無論如何，作爲亞洲大同的樞紐國家，期待日本贊成其論點的孫中山，最終卻未被當時的日本接受；非常諷刺的是，太平洋戰爭後的日本無論在精神或物質層面都追隨英美，達到復興與經濟發展，卻擱置忘卻救濟亞洲弱者的精神，形成現在的階級社會。

孫中山在提倡大亞洲主義的當時，日本正在進行拒絕中國勞工入境等排斥亞洲人政策，孫中山對於日本這樣的態度，在日本的新聞報導中也嚴加批評。

孫中山造訪自己口中批評的日本，以遼闊的東洋文化爲主軸提出團結主張的理由，是因爲日本社會原就相信並尊重本就擁有的俠義精神。孫中山絕不是以爲達成中國革命成功作爲一種政治手段來呼籲日本的。

也爲了讓世界佔比爲多數的亞洲民族贏得自決權，完成中國革命，讓嶄新的中國與日本成爲領導，進而實現「**爲了亞洲民族眞正的開放亞洲**」。

這裡所謂的領導，並非西洋思想中的控制者之意，而是擁有能夠幫助並牽引發展中國家的國力的領導力，也就是說孫中山對於日本，並非要日本選擇「**站在哪一方？**」，而是提出忠告，要日本「不應被西歐思想污染」。

這才是眞正重要的點。爲什麼?因爲要在新思考基礎上建構新式社會這件事，必須要將自己存活至今的生活基礎和個人主義（也未必是指隸屬哪個組織，而是成爲某個人的判斷標準）捨棄，一旦捨去後，才開始出現新的可能性。

孫中山年輕時，在夏威夷基督教大學學習，在那裡吸收了西歐思想和文化，之後在香港大學完成醫學學位，孫文本應基於造福社會的立場，成爲了開業醫師。

但孫文的思考並未止步於此，革命性的思想還是持續延伸。孫中山約十多歲時，法國侵略越南而引爆中法戰爭（一八八四至八五年），將擴大領土正當化的法國霸權主義，將越南和緬甸殖民地化，從這場戰爭中，年紀輕輕的孫中山政治思想就已經開始覺醒。

直接一點來說，就算不去侵略別的國家，自己也不會有什麼損失，但是就有國家爲了滿足自己的控制欲，千方百計遠渡重洋去攻打亞洲的小國，這種行爲怎麼想都是沒道理的，以人的角度來看是殘暴的。

孫中山不單只是以中國的利益爲目的，而是把思考延伸至亞洲的未來當作思想的出發點，相對於西洋的霸權慾望，這可以想成是亞洲民族的義憤。

經歷了這些的孫中山，胸懷亞洲人共有的「**俠義**」精神，爲讓天下萬國綻放光明於世起義，在這個意義上，與其說他是政治家，不如說他是永不忘懷庶民目光的革命家。

孫中山對於出身滿州民族的清朝暴政多所批判，對於漢族、滿州族、蒙古族、新疆維吾爾族（包含伊斯蘭教圈）、西藏族爲主要中國民國大同的「**五族共和**」綱領，他主張「**中國人的民族並不僅止於此**」，甚至抱持超越宗教和文化的亞洲觀。在孫中山革命思想中亞洲民族團結的眞意，是存在「感性」的世界裡。

就因爲訴諸這樣亞洲性的感性，不是知識份子的日本庶民們也爲中國革命家孫中山感到狂熱。

孫中山的亞洲友愛精神，與宗教上基督教教條的博愛概念是不同的，亞洲民族的基因中因爲有亞洲的感性所以具有同胞意識，延續了「**思考事務的方式**」的本質就是「**亞洲同質主體民族主義**」綱領。

「**同質主體**」這個字本身，是西歐政治學者們開始使用，同質指的是同一種族的民族，主體是同種民族的自決權，如果放到亞洲，就是一種超越國境也相同的思考方式。

另一方面，資本主義也開始謀求「**同質主體**」的概念的，是近代的美國。

相對於亞洲「**同質主體**」指的是關於人性的角度，歐美指的則是以謀求金錢這種利益的志同道合者，思考的都是「**同質**」。

而仿效代表歐美的資本主義先進國家的思考模式和社會模組，已成爲國際上發展的主要風潮，這樣的思考方式，無疑是造就各個國家和民族特有的精神文化、也就是「**比起人類，金融資本才是優先**」的經濟帝國主義。

實際上，孫中山的「**大亞洲主義**」與之前提到的「**亞洲同質主體民族主義**」，若嘗試理論上來驗證，越會發現從本質上來說是性質相距甚遠的思想。

原本理論性的思想體系，不過就是透過語言增強與第三者之間的契約性關係、類似規則手冊之類的東西。

舉例來說，家人和家人之間尊敬父母、幫助兄弟姐妹、守護一家免於災難或外敵的侵犯，這是自然的生存法則，不需要動用到思想體系這樣的內容。這純粹是超越理論和權益的民族意識運作。

孫中山不針對西洋霸權主義理論上的謬誤指責，而是針對亞洲民族所謂家族的因緣關係攻入，以「**不對的事就是不對**」來對抗強權志向的不義。

因此將亞洲民族掌握在同質主體、同一民族的概念下，多數人認爲俠與義的精神比起西方的思想體系，是更符合庶民所期待的社會改革的一種方式。

日語當中有句話是「配合默契」，中國文化中也有與血親之外的人擁有共生家庭的關係性，這和西洋以法律結合的契約家庭式的概念性質完全不同，那麼，要說到歐美民族所不能理解的這種亞洲式感性，想必一定是這個例子了。

也就是從殘留在中國的孤兒問題來看，卽使是日本人，在中國大陸生活久了，長相就變得像是中華民族的臉。

所有的精神文化的形成，只要在那個地區過日子，說著當地的語言，經歷生活的風霜，自然就會變成那個樣子，因此白種人要是長時間在亞洲生活的話，自然而然也會完全理解亞洲民族的感性和共有的亞洲精神。

因此各個民族的精神文化，要是遭到外國突如其來的武力壓迫，是會造成文化上的反彈的。

要簡單來說明如何分辨理論和感性，就讓我們舉出「**水**」爲例子來看吧。所謂的水，在理論上最爲正確表現方式是分子記號「**H2O**」，但不管怎麼看著這個記號，也無法分辨清流閃耀的光輝，濁流又是如何帶有威脅。

正如同用同樣分子記號表示的水，卻擁有多重樣貌般，文明進步和經濟發展的社會形態，也是各個民族經由各自不同的經歷產生的自然道理法則。

這與「**如果是錢的話在哪個國家都是萬能**」這種解釋的西洋霸權意識和亞洲民族相比，僅只短短數百年的歷史的西歐各國特有的「**急就章**」的同質主體，和擁有悠遠歷史的亞洲民族，原本就不在同一個水平上。這種理論和感性的差異，在考慮西方和東方的差異上，是很重要的一點。

當然，正如同孫中山推翻由滿州族控制的清朝對中華民族的壓制，亞洲民族歷史上也充滿著迫使他人屈服來證明自己力量的事例，這類愚蠢的戰爭不斷發生，這在日本軍國化侵略中國大陸和朝鮮半島的近代史中一目了然。

因此當孫中山看到從地球的彼岸攻來，想拿下整個亞洲的敵人逼近時，主張停止這種讓同族同種流血的愚蠢行爲。

順帶一提，沒回信給孫中山的犬養毅，在當時傾向國粹主義的日本政府中，是屬於護憲派的領導，是持反對行使武力立場的政治家，之後激進派的海軍發動政變（五・一五事件，昭和七年），犬養毅在被子彈槍殺倒下之際，據說還在槍擊他的犯人面前發表言論。

當時最有名的一句話是「**有話好說**」，然而回顧感傷的歷史，光是以抽象的研究來看「**亞洲同質主體民族**」的想法和有效性，在當今社會是無法被理解的吧！

將「**同爲亞洲民族應該可以理解**」這種聚焦在某種超自然經驗主義的說法，容易導致將亞洲民族團結的意義誤解爲狹隘的民族意識。因此若以對照我們現在社會具體的事件來舉例說明的話，「**亞洲同質主體民族主義**」到底是什麼?現在又能扮演什麼樣的角色?我想我們已經進入該要認眞思考的時代了吧！

義的思想

唯有脫離現在組織優先的社會，才能看見俠義的本質，這具有思想上擴展的意義，並不是指孤獨的生存。

以各式各樣的約定爲基礎組成的組織，歸屬於這種關係下的人際關係是組織內部的成員資格，這種思考方式是西方的契約社會組織論。

亞洲文化圈的同族意識中，比起契約，最爲優先的是精神上的連結。契約只是一種權宜之計的組織型態。

成員的動機是想要對經濟活動有利，能夠在從外敵中保護自己這種利益。讓人聚集到組織內，然而所謂的利益會因爲個人不同的思想或狀況產生變化，因此同一組織的成員之間，必然也會產生利害衝突的狀況。

簡而言之，在追求各自利益聚集而來的組織中，沒有超越利害得失的中心思想，因此組織營運的過程中必然會發生內部衝突，在此同時，再怎麼利益衝突的成員一旦喪失組織的話，就會兩敗俱傷，因此就以共同組織防衛的表面前提，維持組織的運作，也同時抱持著組織的矛盾，日本自民黨政府和公司內部的派系鬥爭就是很好的例子。然而在來自同族意識自然產生的原本的亞洲型態組織中，「**就算有損失但也必須要做**」這種超越身份貪婪的俠義精神爲中心主軸。

這種俠氣和俠義的行動律，精神性原理就是「義」。

生於紀元前中國的行動派思想家墨子所提倡的「義」，否定契約社會式的規則，世上所有人類的行爲都憑藉「**義或不義**」這一點來判斷。契約社會的規則也就是所謂的法律，有時會因爲是否符合國家權力利益而遭到修改，因此守法這種人類行爲也可能變得不義。

國家間因爲契約而打仗，雖不違反法律，但以人的行爲來說是不義，這就是「**義**」的思想，以不會左右契約社會的思想和行動的「**義**」結合的亞洲式組織中，內部難以發生所謂利害衝突的現象，要是組織中有自我中心主義的人，會被組織排除。這就是西洋的契約組織和亞洲式的組織決定性的差異點。因此生於俠義之道絕不會成爲孤狼，而是能讓同樣以「義」之思想與行動生存的人們自然結合。

這些志同道合的人，就算對外成爲組織型態，但個人的中心原理因爲是

「**義**」，所以沒有組織防衛的意思，而是人與人的交往形成組織。假設公權力以行爲不端爲由要該組織解散，但因爲原本聚集在組織裡的成員就不是爲了得到組織力量而聚集，因此即使組織的名稱被剝奪、集會所被破壞，本質的連結卻不會連帶消失。

至今依然存在於中國的「**義**」的結社「**洪門**」就是證明。因爲「**洪門**」是日本不知其眞實狀態的結社，因此被誤認爲是所謂的中國黑手黨，以金錢爲目的的犯罪集團，但這其實是完全錯誤的。他們沒有固有的財產，雖然沒有強制性的上意下達動員組織，但他們因爲共有「**義**」之思想而深深結合，這樣的網絡存在於世界的內在。

若是擁有「**義**」、生於俠義的人，無論貧富、性別、年齡、國籍，成員的社會性立場或職業也遍及四方，政治家或實業家、學者、藝術家、甚至黑道（日本叫地痞流氓），平常他們在隱身在社會中，「**義**」的志士們展開集會，彼此來確認「**義**」的健在，通力合作討伐世間的不義而發揮作用。要是有財力的人就提供經濟支援，有力氣的人提供力量，有智謀的人發表言論等，各自生於「義」幫助同胞的「**洪門**」，讓「義」不滅絕，因此互相扶持才是組織整體的工作，如此的集結對於人類社會的不義是巨大的對抗力量。

近代史上，孫中山中國革命的背景中，「**洪門**」在暗中大力相助是事實，也可以說，中國的辛亥革命是洪門發起的革命。

孫中山當然是洪門大陸山的山主，爲幫助孫中山，各洪門都捨命參與孫文的革命事業，日本人當中的亞洲主義先驅者頭山滿也被認爲和「**洪門**」有親密的關係。

「**洪門**」的存在恐怕是當今世上唯一俠義之道的具體展現，是金融資本主義掌控者們的最深恐懼。「**洪門**」是現今最大的「**義**」之集結。日本的義人們應以「**洪門**」的存在方式爲明確目標。

中國或亞洲的村落社會中，一個村子裡要是有個會唸書的優秀小孩出生，若是這孩子家境貧困無法接受良好教育，村民們會一起幫忙讓這孩子上學，而來日出人頭地的這個孩子，也會在精神和物質兩方面回饋給栽培自己的村落。過去的日本也有如同這樣濃厚的共同體意識色彩。

以西洋合理主義的角度來看，會以「**不久後這孩子出人頭地就會成爲村子的利益所以來幫助他**」這樣來思考吧？也就是說，把人才養成當作是投資。但亞洲民族的感性並不是因爲「**之後會得利**」因而來幫助這個孩子。

同族裡有人遇到困難，大家就會當作是自己的困難，理所當然地一起合作解決問題，這是「**義**」的精神，像是剛剛舉例的幫助孩子唸書，就是跨越困難村民們支援的「**義**」，只是透過金錢的形式顯現而已。

本質是「**義**」，受到俠義的恩惠被送出去的孩子也會通情達理，接下來也會支援村子裡的長老們。這並不是將借來的錢還回去這樣的經濟行爲，而是因爲情理才這麼做。此外，親眼看見這樣基本人類態度的孩子們，也一樣會珍惜鄉土和家人給予的精神支柱，讓「**義**」的社會不斷循環下去。

墨子其人

丈夫與妻子結合生子，組成家庭，形成「**家族**」。這個家族的家長是丈夫，接下來性格脾氣相似的人聚集過來成爲一家。所謂的一家是同一個家族有個家長，這位家長有一個絕對性的思考體系，確實形成「一家」膨脹爲思想集團。墨子是「**墨家**」之長。

墨子生於紀元前五世紀的中國。當時那個時代被稱做春秋時代，是諸子百家的時代，有老子、孔子、曾子、墨子、吳起、孟子、莊子、屈原、韓非子等人。

生在諸子百家時代的他們，活躍的年代就叫做**春秋戰國時代**。

那是大國侵略小國、弱肉強食的戰國時代，諸侯只考慮自己國家的富強，對於庶民的苦難視若微塵、不屑一顧，那是那樣的時代，當然，卽使在那樣的時代裡，也有用遼闊的人類愛和義，希望能恢復秩序、整治混亂而生的男子。

那是墨子。

墨子集團與儒家集團不同，墨家不是偏向高層的思想集團，而是將視線對著一般民眾的思想集團，墨子的思想強烈深刻，其思想的主軸是「兼愛」和「**貴義**」，墨子思想最大的特色就是「**兼愛**」思想。

「**兼**」原本的意思是「**廣大的**」、「**普遍的**」，也就是說墨子的「**兼愛**」是「**無邊無際、無遠弗屆的愛**」、「**如太陽般的愛**」，這和基督教所提倡的「**博愛**」一樣是社會之愛，也和大乘佛教說的「**慈悲**」同意。

基督誕生在墨子時代之後，佛教跨海傳入中國也在其後，墨子在紀元前五世紀的春秋戰國時代，就已經將無限的愛「**兼愛**」向世人展現。大乘佛教的「**慈悲**」心，無法否定是古代中國民眾從墨子吸收了兼愛的精神，佛教指導者們受到很大的影響，進而滲透至佛教的教義中。墨子的兼愛強烈的底蘊是「**利他之愛**」。

所謂的愛，並不是只爲了自己，那不過是閉門造車的自私之愛，絕不是眞正的愛，只不過是永遠爲了自己的欲求擴大的地獄。不把自己考慮在內的大愛，遼闊的愛，例如對家人的愛，本著「**人類存在的基本**」爲家人工作，然後爲全體家人的幸福著想，接著對鄰居、對地區社會擴展爲兼愛。唯有這樣的思想和行動才是「**利他思想**」的出發。墨子以兼愛的思想爲前提，解析實踐貴義的精神。

墨子思想當中貫穿著反骨精神。儒家思想中存在著對當權者、對統治階級的阿諛奉承，儒家思想是適合鞏固尊貴統治體制不動搖的思想。

春秋戰國時代是屬於強者的時代，違逆強者就會被強者粉碎，對於有抵抗思想卻沒有戰鬥力的儒家，只能附合強者們的思想。

這樣的時代下墨家思想不奉承如在雲顛之上的統治階級，而是面對大衆庶民的思想，因此墨家思想是對民衆的情意，也就是人情優先再解答義，讓人知道義是何等重要，墨子認爲「**不自省義者沒資格爲人**」。

墨子說：「**行義而不能勝任之時，一定不可歸罪於學說、主張本身。好像木匠劈木材不能劈好，不可歸罪於墨線一樣。**」支持墨子自身的精神就是義。

墨子向門生們描述庶民生活中才能顯現義的尊貴。

向受苦者伸出援手，濟弱鋤強是墨家集團一貫的作風，當小國受到大國的侵略時，只要肯奮起抵抗，墨子就會舉起義師，派出戰鬥集團協助抗敵。

墨子一門以兼愛的智慧行義，「**知行合一**」的行動展現男子氣概，這個氣魄正是俠義精神。對於他人抱持寬廣溫暖的感情行「**愛和義**」，唯有這樣知行合一的精神才是貴義所說，爲義可以捨命、奉獻己身，這個氣概才是俠義，貫徹俠義精神生活的人們組成的集團就叫做墨家。

墨子集團，或以其名稱之爲「**墨家**」的思想集團，紀律之嚴謹衆所皆知，而墨家的紀律嚴謹並不單只是爲支持一家事物、或區分上的嚴謹，而是爲了遵行義而嚴謹。這是爲了非統治階級的庶民的世界中塑造出貴義的世界。

墨子的存在和思想，在刻畫春秋戰國時代的漢朝書籍中多有描繪，但墨子的思想是對抗統治階級的思想，因此墨家集團在秦始皇強大的暴政下飽受蹂躪毀滅，再經由之後的統治階級使墨家集團分崩離析，其中一部分流亡到東方國度日本，而歷經遙遠的時代，成爲俠客、俠義精神支柱的義的道理，在日本的俠道中生氣蓬勃。

墨子的兼愛、貴義思想，在佛教中被運用，此外三國志的世界裡，劉備、關羽、張飛桃園三結義的誓言，聚集水滸傳梁山泊的一百零八條生於義的好漢活躍在小說中的表現都是義的精神的原型，都可以歸因於墨子。

水滸傳給予日本近代文學很大的影響，瀧澤馬琴的《**南總里見八犬傳**》就是取水滸傳爲原型，而渡海傳來日本的大乘佛教慈悲精神，深植日本人精神結構當中的「**觸景生情**」、「**恬靜**」、「**惡果**」等優美、纖細而協調的情趣世界，以茶道、花道形成日本人世界中無與倫比的高尚精神文化。

墨子的教義和思想直到清代再被發現，墨子思想成爲墨家俠客們熱血中的基因，從古至今生於義的人們繼續承襲，也兼具多樣化的價值觀。

後記

懷念的笛子和太鼓……還有好漢們

本書嘗試說明誕生在中國的思想巨人——墨子，以及其「義」的思想由近代中國之父孫文承接，不久透過日本明治維新的志士得到擁有光格天皇血統的「京中山家」姓氏，於焉誕生了「孫中山」這個名字，這些亞洲民族思想的秘史。如同本書開頭所述，筆者本身幼年時期在中國度過，第一次聽聞「孫中山」這個秘密時，感到難以置信。

筆者得知這些內容，是短短幾年前的事。

年逾八十歲，開始思考「自己的人生來日或許無多」，從那個時候開始有朋友建議我撰寫本書，那是臺灣的盟友。

雖然能力不及，卻也自以為是的振筆疾書，但筆者不是什麼在人前値得驕傲的那種人，遠遠不及墨子。

但當我開始寫了之後，就在「**墨子之窗**」的那個白日夢中體驗到一些經歷。

在此了解了，不，應該說是可以捉住片段的「**義**」之思想，正因爲是合理的，因此不只是被加強鞏固的理論，而是一種無可言喩的「**人類情理**」的世界。

辛亥革命起義後，孫中山將一本名爲《**大俠**》的書贈與日本大亞洲主義巨人「**頭山滿**」，頭山滿生存的時代，不如他那般突出、就算只是市井小民的日本人，也幾乎感覺上都能擁有「**義**」的思想。

小鎭上如果有不受控制的調皮小孩，父母或鄰居就會去找鎭上的「**好漢**」、俠客的首領或大哥商量，俠客會責備這些頑皮小孩「**給我認眞點**」，讓頑皮小孩變成認眞的好學生。當然，俠客們並不會要求任何回饋。

庶民生活的樂趣之一，在夏季和秋季的神社祭典中。生於「**義**」的俠客好漢們會站在隊伍前方炒熱祭典，空氣中流瀉的笛音和太鼓的樂聲，引誘著庶民前往夜晚神社的院落內。說來可恥，筆者少年時代也是足以代表調皮小孩的小伙子，但卻受到大家的疼愛，同時我也對萬一有什麼狀況會不顧自身安危幫助小鎮的俠客們倍感憧憬。對當時的我來說，不僅限於俠客，連父母與學校老師也是「**好恐怖**」的存在。

無論在校成績是好是壞，在過去社會中教導孩子比起成績更重要是「**做人的道理**」。跟只要會賺錢，殘暴也能被允許的現代社會簡直是完全相反，是空氣中充滿「義」的時代。

對當時的頑皮小孩來說，沒有比學校老師更恐怖的存在，老師說什麼，都只能高聲回答「**好**」的這種程度。對小孩來說，老師是絕對的存在，有時頑皮小孩會趁機戲弄、欺負弱小的孩子，萬一太超過時，只要對方或同班同學一說「**我要去告訴老師**」，頑皮小孩就會「唰」的瞬間收手，自己也知道做了不能做的事，這是過去的孩子、過去的學生。這是因爲修身教育已經浸潤到身體之中，與瞧不起老師還滿不在乎的現代少年少女完全不同。

當時的教師面對兒童會認爲，「**別人送來的孩子，是國家的寶藏，是未來支撐日本的人⋯⋯**」而將孩子教育成優秀的男子、優秀的女子，絕不會縱容溺愛孩子，爲眞正具有意義的教育奉獻心力，有好表現的時候好好表揚，同樣的當孩子們犯錯時，板起臉體罰教導事情的是非善惡，也是孩子的家長能接受的教育。

過去的老師對於被送來的孩子，認爲有教導他們未來好好出社會的責任，也就是對天下的義，國家的教育方針不是照本宣科，擁有做爲教師以把對待的孩子教到獨立爲己任的自尊。

然而現在的教師像是公務員，不乏依循職業上的指南把自己當

「教員」，沒有志向目標的公務員教師，因爲沒有社會責任及倫理，用非教育一環的虐待來對待弱勢的孩童，發洩自己的鬱悶，滿足自己的操控慾望，最後成爲罪犯而被關進監獄的教師並不少見。這也是完全腐敗的社會之所以被原諒的原因之一。

另一方面，對於孩子而言，教師根本稱不上「師」這個字，因此滿不在乎，瞧不起教員，似乎憑藉「規定禁止體罰所以無所謂」，明知故犯違背做人的道理還以此爲樂，學會了不義。這個原因如同之前所述，是因爲「只要擁有富貴和權力就是贏家」這種歐美思考的不義正在侵蝕世界。如今，過去以「義」爲生存方式的英雄好漢們，在世界各處都能看到他們正逐漸失去立足點。

俠客好漢並非罪犯，以現在來說，日本的監獄收監的受刑人有七成，是所謂的「一般人」，被稱爲「黑道」的俠道者們約三成。這三成的黑道中幾乎都是在俠道的世界中與同路人對立，或因爲討伐「不義」的人而成爲犯罪者。

近代社會當中，違反由國家權力制定的法律者將成爲罪犯。但其實，違反眞正的「義」的人才是罪犯。

從西歐產生的資本主義理論當中，沒有「義或不義」的判斷標準，所有都是以「會賺錢或不會賺錢」爲評斷。無論有多麼違反做人的道理，行多麼不義的人，只要是富豪或有權者就能夠被原諒。

亞洲民族的思想，原本就與西歐霸權主義或資本主義不相容，以剛才的俠客舉例，歐美的犯罪組織中只要有財力，就擁有比什麼都大的能力；但在亞洲民族中，俠客、好漢的世界，就算有再多錢，沒有「義」的首領，不管是誰都不會尊敬，社會上也不會有人想與他來往。

如同看歐美的電影，黑手黨的老大住在豪宅中，搭乘手下開著最高檔的豪華房車，但亞洲生於「義」的俠道之人，仍有很多人和平民百姓一樣住在普通的房子裡，自己開車。因爲他們知道「義」的價值和金錢無關。

在現今的日本，與其作爲俠客在金錢上困乏、在「義」的道理上生存，更多年輕人會選擇奢侈的快樂，因爲俠道的世界「太麻煩」了，也「賺不到錢」；基於這樣的理由，不進入俠道組織的「組」中，而是去詐騙老人家、奪取大筆金錢，只要一不高興就濫殺平民百姓。

懲治這些「不義」者，就要靠庶民社會的俠客與好漢，將他們驅逐出去，但這種俠客、好漢的義行，在選民主義的管理制度下，卻不被認同，普世認爲只有警察才擁有執法的公權力。

由權力操控的世界中，人們是聽不見祭典傳來的笛音與太鼓聲的，那裡只有金融資本主義的贏家及洋洋得意的「不義」者們空虛的笑聲。

過去亞洲庶民小鎮的氣息、場景，時常飄蕩著「義」。那個小鎮的場景中要是誤入了「不義」之人，就會宛如純白的絲綢上滴上了一滴污水，馬上映入眼簾，恨不得卽刻將這髒污洗淨。

或許筆者在白日夢中與墨子一起看見的「墨子之窗」，是自己過去被生養長大的小鎮風景也說不定。卽使到了現在，筆者依然相信亞洲民族生活的小鎮上會飄蕩「義」的風，我們亞洲民族是因墨子的「義」，就只用這麼一個字，代表所有的意思，表現出所有，所有的人們在眞正的意義上能夠富足。只要不捨棄「義」，保有「貴義」的心。

這也是「孫中山」這個名字的象徵。

最後，要對推薦我寫這本書的盟友李松林兄弟與張安樂老師致上最深的謝意，很冒昧得到他們贈與我「大俠」一詞，深表感謝。

令和元年十一月一日　松本州弘

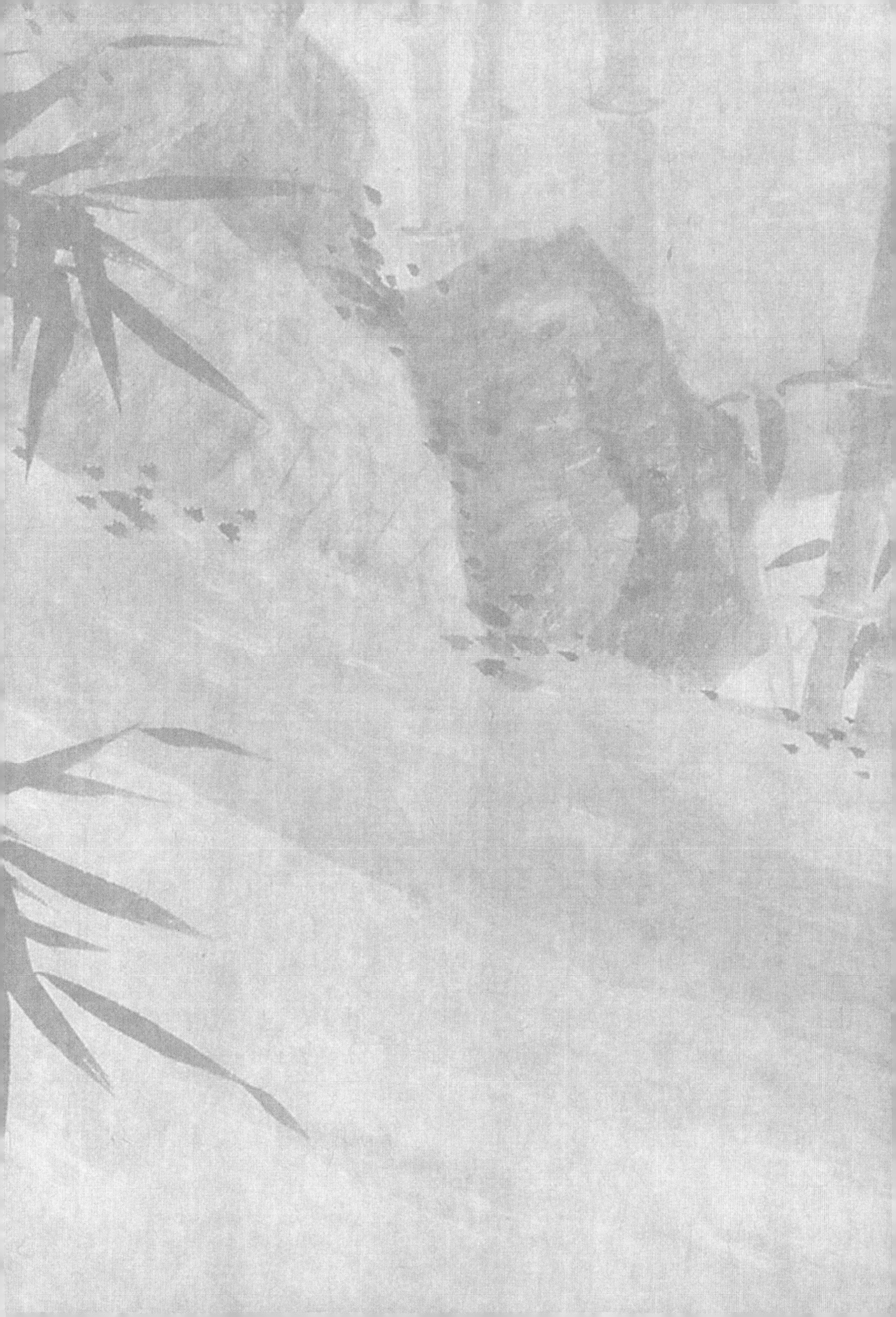

墨子之窗 Mozi

義與不義間的真理

從墨子精神到中山思想的思辨

乾坤智庫
001

作　　者　松本州弘
譯　　者　崔立潔
圖書策劃　匠心文創
發 行 人　張文豪
出版總監　柯延婷
執行編輯　蔡青容、李喬智
校對審閱　張安樂、李松林
特別感謝　蘇德峰、關意屏、小葉哥
封面設計
內頁編排　賴賴
E-mail　cxwc0801@gmil.com
網　　址　https://www.facebook.com/CXWC0801

總 代 理　旭昇圖書有限公司
地　　址　新北市中和區中山路二段352號2樓
電　　話　02-2245-1480(代表號)
印　　製　鴻霖印刷傳媒股份有限公司

定　　價　新台幣380元
初版一刷　2021年06月

ISBN 978-986-99655-2-1

國家圖書館出版品預行編目(CIP)資料

墨子之窗 / 松本州弘作. -- 初版. -- [臺北市] :
匠心文化創意行銷有限公司, 2021.06
面；　公分
ISBN 978-986-99655-2-1(平裝)
1.(周)墨翟 2.學術思想

121.11　　109022201